**Stephanie Fischer**
**ISS KLUG! (2. Teil)**

# ISS KLUG!

... und lass mal Deinen Bauch entscheiden.


Stephanie Fischer

# Impressum

Bibliografische Information der Deutschen Nationalbibliothek: Die Deutsche Nationalbibliothek verzeichnet diese Publikation in der Deutschen Nationalbibliografie; detaillierte bibliografische Daten sind im Internet über http://dnb.dnb.de abrufbar.

Verlag: BoD · Books on Demand GmbH, Überseering 33, 22297 Hamburg,

bod@bod.de

Druck: Libri Plureos GmbH, Friedensallee 273, 22763 Hamburg

ISBN: 978-3-7693-3900-0

# Inhaltsverzeichnis

Prolog

Machen Sie sich auf etwas gefasst - mal wieder.

Als ich mein erstes Buch, *„Iss klug! ...und mach's doch mal wie die Tiere"*, schrieb, war die Inspiration klar:

Tiere folgen ihrem Instinkt. Sie wissen intuitiv, was sie wann zum Leben und Überleben brauchen und wann es genug ist. Kein Löwe verschlingt mehr, als er verdauen kann, und kein Vogel lässt sich von einer Werbetafel dazu verleiten, mehr zu fressen, als gut für ihn ist oder er in seinen Magen bekommt. Menschen dagegen haben ihre Instinkte weitgehend überlagert – durch Emotionen, Gewohnheiten und nicht zuletzt durch die Einflüsse ihrer Umgebung.

Dieses zweite Buch nun ist ein weiterer Schritt auf der Reise, klüger zu essen. Diesmal geht es darum, zu verstehen, warum wir oft essen, obwohl wir keinen Hunger haben, oder warum wir Heißhunger auf das „Falsche" entwickeln oder aber schneller essen, als uns bewusst ist und so oft das Signal überhören, das uns Sättigung vermittelt.

Es geht um die psychologischen Fallstricke, die uns beim Essen begleiten: die duftenden Backwaren im Supermarkt, die leuchtenden Farben von Verpackungen, die Snacks, die uns in stressigen Momenten trösten sollen, die immer größer werdenden Verpackungen und sogar die Auswahl der Temperatur und des Lichts in der Umgebung in der wir Essen.

Ich möchte aufzeigen, dass es nicht blanke „Willensschwäche" ist, die einen manchmal dazu bringt, mehr zu essen, als man eigentlich möchte, vielmehr sind es die vielen äußeren Reize, die das Hirn überlisten, bevor der Bauch überhaupt ein Mitspracherecht hat, und dass es manchmal klüger wäre ihn entscheiden zu lassen.

In diesem Buch gehe ich den Fragen nach:

- Warum essen wir oft mehr, als wir brauchen oder wollten?
- Welche Rolle spielen Emotionen, Gewohnheiten und Umweltfaktoren?
- Wie können wir uns mit einfachen Tricks besser vor diesen „Fallen" schützen?

Mein Ziel ist es, die Mechanismen hinter dem Essverhalten näherzubringen, ohne erhobenen Zeigefinger, dafür mit hoffentlich verständlichem Humor, wissenschaftlichem Hintergrund und praktischen Tipps.

Essen soll Spaß machen, Genuss sein, ohne zu asketisch behandelt oder zur Falle zu werden.

Man kann kleinen Tricksern im Hirn auf die Schliche kommen und wieder mehr auf den Körper hören lernen, man muss nur davon wissen und es verstehen.

Dieses Buch knüpft an meine Philosophie von _„Iss klug!"_ an:

Nicht das perfekte Essen ist das Ziel, sondern das kluge Essen, das gesund ist und guttut – für Körper und Seele.

Beim Lesen werden Sie merken, dass sich manche Gedanken, Erkenntnisse oder Beispiele in diesem Buch wiederholen.

Das ist kein Versehen, sondern Absicht. Viele der Themen, die ich behandle, greifen ineinander und spiegeln die vielschichtigen Herausforderungen des Essverhaltens wider. Ernährung ist eben kein isoliertes Puzzle, sondern ein komplexes Zusammenspiel aus Körper, Kopf und Umfeld. Daher überschneiden sich die Kapitel manchmal genauso, wie sich auch echte Lebensthemen selten klar voneinander trennen lassen.

Und vielleicht helfen diese Wiederholungen ja auch, die Zusammenhänge noch klarer zu erkennen und nachhaltiger zu verinnerlichen.

Viel Spaß bei den kleinen, aber nicht unwichtigen ernährungspsychologischen Einsichten.

Ein bisschen etwas Einleitendes...

Es gibt den tollen Begriff „Environmental cues", was auf Deutsch „Umwelt-reize" meint. Es sind Reize in der Umgebung, die unser Verhalten, Denken oder Entscheidungen beeinflussen, auch beim Essen: Beleuchtung, Musik, Raumtemperatur, Verpackungsgröße, der Grad der Ablenkung, das Geschirr etc.; all das beeinflusst uns tagtäglich.

Environmental cues sind oft subtil, wirken unbewusst und machen uns erst oft viel zu spät beim Blick auf die Waage klar, dass wir sie viel eher hätten verstehen sollen.

Sie können das Essverhalten so stark beeinflussen, dass wir ganz bequem einige hundert Kilokalorien pro Tag mehr essen, als wir bräuchten. Gerade hier liegt ein hochrelevantes Risiko für zusätzliche Kilos, denn das Fatale ist, dass man diesen Überkonsum gar nicht merkt, bis die Waage unerwünscht große Zahlen anzeigt oder man sogar krank wird.

Die Verführung zu mehr Essen durch die Umgebung passiert klammheim-lich und weitgehend im Unterbewussten.

Ein paar kleine, verblüffende Beispiele, auf die ich im Detail in den folgen-den Kapiteln eingehen werde:

Kältere Temperaturen im Raum lassen uns erst später satt werden. Kein Wunder also, dass es in Fast-Food-Restaurants nie ganz gemütlich warm ist, sondern eher runtergekühlt.

Oder nehmen wir das Licht:

In einer dunklen gehaltenen Umgebung isst man oft mehr als in gut aus-gestrahlten Räumen. Und hier kann man sogar sagen: je dunkler der Raum, desto größer die Portionen; sehr gut zu beobachten in einem Dun-kelrestaurant oder einer Dunkelbar: Dort schätzt man die Portionsgrößen mangels Sichtbarkeit viel geringer ein und fühlt sich dadurch erst später satt. Kein Wunder also, dass man im Kino Jumbo-Eimer mit Popcorn, oder Riesenschalen mit Tacos in sich hineinschaufelt, ohne den geringsten Sättigungseffekt zu spüren.

**Weitere Environmental Cues:**

**Visuell:**

- Eine saubere Umgebung (z. B. ein frisch renovierter S-Bahnhof) lässt eher Menschen ihren Müll ordnungsgemäß entsorgen und ihre Graffiti-Schmierereien unterlassen, zumindest eine Zeit lang, bis ein Erster wieder damit anfängt.
- Verkaufsregale in Supermärkten sind so gestaltet, dass die „attraktivsten" Produkte auf Augenhöhe stehen, um Kaufentscheidungen zu Gunsten des Umsatzes zu beeinflussen.

**Sozial:**

- Wenn man das Verhalten anderer Menschen in einem Restaurant wahrnimmt (z. B. leises Sprechen), passt man sich oft unbewusst an.
- In einer Gruppe schließt man sich eher Gruppenentscheidungen an, anstatt als Solist dazustehen, der als einziger alles anders macht oder als einziger eine andere Meinung hat.

**Physikalisch:**

- Musik in Restaurants kann die Essgeschwindigkeit gehörig beeinflussen: schnelle Musik = schnelles Essen, langsame Musik = langsames Essen. Würde in Fast Food Restaurants Musik zu hören sein, wäre sie also von der schnellen Sorte.

Generell helfen Umweltreize, schneller Entscheidungen zu treffen, oft ohne, dass wir bewusst darüber nachdenken. Sie sind per se ein wichtiges

Konzept in der Psychologie, im Marketing und in der Verhaltensforschung, und es ist gut sie zu kennen, um nicht (ständig) darauf „reinzufallen".

# Bauch oder Kopf?

# Wer hat beim Essen das Sagen?

Essen ist weit mehr als nur die Versorgung des Körpers mit Energie, es ist Genuss, Emotion, Erinnerung, Trost und noch so viel mehr!

Vom ersten Löffel Brei als Baby bis hin zum festlichen Familienessen zum 80. Geburtstag, jede Mahlzeit erzählt eine Geschichte.

Nur, wer sagt einem denn, was, wann und wie viel man essen sollte? Ist es der knurrende Magen? Oder ist es der Verstand, der einem sagt, welche Lebensmittel „gesund" sind und welche wir besser meiden sollten?

Bei jedem Verzehr gibt es oft einen stillen Kampf zwischen Bauch und Kopf: Der Bauch sendet intuitive Signale wie Hunger, Sättigung und Lust auf etwas Bestimmtes, der Kopf dagegen rechnet dröge, analysiert und bewertet und wird dabei beeinflusst von Wissen, gesellschaftlichen oder den eigenen Normen oder erlernten Regeln.

Stellt sich die Frage, wer am Ende die Oberhand hat? Braucht es überhaupt einen Gewinner?

## Der Bauch als das zweite Gehirn (Teil 1)

Der Ausdruck „aus dem Bauch heraus entscheiden" kommt nicht von ungefähr. In den letzten Jahren hat die Wissenschaft die unglaubliche Intelligenz des Verdauungssystems näher erforscht. Dieses große Netz aus vielen hundert Millionen Nervenzellen durchzieht den gesamten Magen-Darm-Trakt und wird oft als „zweites Gehirn" bezeichnet.

Es kommuniziert ständig über die sogenannte Darm-Hirn-Achse mit dem Gehirn, und dies nicht einseitig, sondern bilateral, denn während der Kopf

Signale über Stress, Emotionen oder Entscheidungen sendet, gibt der Darm Informationen über Hunger, Sättigung und die Gesundheit des Mikrobioms ans Gehirn zurück.

Der Bauch hat also tatsächlich eine Stimme, und sie ist lauter, als man gemeinhin dachte oder sich jemals bewusst gemacht hat. Er signalisiert, wenn wir Energie brauchen und belohnt uns beim Essen mit einem guten Gefühl. Doch leider sind diese Signale nicht immer so klar, wie sie sein sollten, weil sie von verschiedenen Faktoren beeinflusst und teilweise stark überlagert werden.

Da ist z. B.

## Der Einfluss der modernen Ernährung

Die heutige Ernährung hat sich in den letzten Jahrzehnten stark verändert und ist jetzt eher verbunden mit Bequemlichkeit, industrieller Verarbeitung und einer nahezu unbegrenzten Verfügbarkeit von Lebensmitteln. Während früher vor allem frische, saisonale und selbst zubereitete Speisen auf den Tisch kamen, (meine Mutter stand teilweise stundenlang in der Küche), dominieren heute hochverarbeitete, schnell zuzubereitende Produkte mit zugesetzten Aromen, Zucker, Fetten und Geschmacksverstärkern die Regale der Supermärkte und die Küchen vieler Familien.

Industriell hergestellte Lebensmittel sollen möglichst ansprechend und verlockend schmecken, damit sie ihre erste Aufgabe erfüllen und das Belohnungssystem im Gehirn ansprechen, woraus zumeist ein starkes Lustgefühl entsteht, unabhängig davon, ob der Körper tatsächlich Energie benötigt; das natürliche Sättigungsgefühl wird ignoriert, während gleichzeitig das Verlangen nach weiteren Kalorien steigt. Verrückt!

So entstehen unbewusste, gesundheitlich leider sehr bedenkliche Essmuster, die nicht von echtem Hunger gesteuert werden, sondern von äußeren Reizen, emotionalen Bedürfnissen oder bloßer Verfügbarkeit. Die moderne

Ernährung verführt dazu, mehr zu essen, als der Körper benötigt, wobei die eigene intuitive Steuerung durch Hunger und Sättigung aus dem Blick verloren geht.

Aber nicht alle Entwicklungen sind negativ. Im Gegenteil, es gibt glücklicherweise ein gestiegenes Bewusstsein für gesunde Lebensmittel, für einen gesunden Lebensstil, nachhaltige Ernährungsweisen und alternative Ernährungsformen. Das zeigt, dass auch die moderne Ernährung wirkliche Chancen bietet, man muss nur eine Balance zwischen Komfort, Genuss und Nahrhaftigkeit finden, ohne sich von manipulierten Reizen zu sehr steuern zu lassen. (Laut dem Ernährungsreport 2023 des Bundesministeriums für Ernährung und Landwirtschaft (BMEL) legen 91 Prozent der Befragten Wert auf den Gesundheitsaspekt ihrer Ernährung.)

## Gewohnheiten und Erziehung

Es ist sehr bedauerlich, aber die pure Realität: Von klein auf wird gelernt, unabhängig vom tatsächlichen Hungergefühl zu essen. Der ein oder andere wird die festen Essenszeiten aus der eigenen Familie an Sonntagen kennen, die vorgeben, wann gegessen wird, auch wenn jeglicher Hunger fehlt. Essenszeit ist nun mal Essenszeit! Zudem wurde und wird immer noch in vielen Familien vermittelt, dass der Teller leer gegessen werden muss, entweder aus Höflichkeit, aus Tradition, wegen der sonst drohenden Lebensmittelverschwendung oder damit das Wetter am nächsten Tag schön wird.

Diese frühen Prägungen beeinflussen das Essverhalten noch viele Jahre später: Nicht das natürliche Hunger- und Sättigungsgefühl hat Vorrang, sondern auch hier äußere Faktoren, die die Nahrungsaufnahme steuern. Starre Essenszeiten, soziale Erwartungen oder emotionale Belohnungen stehen meist über der intuitiven Regulation durch den Körper, und mit der Zeit werden solche Muster zur Gewohnheit.

Und weil Essen mit Erziehung, Emotionen und sozialen Normen verknüpft ist, fällt es vielen Menschen schwer, auf ihren Körper zu hören und bewusst wahrzunehmen, wann wirklicher Hunger da ist und wann das Essen eher aus Routine oder emotionalen Gründen erfolgt.

## Emotionen und Stress

Auch Emotionen spielen beim Essverhalten eine große Rolle. Wer kennt es nicht, dass Gefühle wie Stress, Langeweile oder Traurigkeit das natürliche Hungergefühl überlagern oder sogar ein starkes Verlangen nach Essen erzeugen, obwohl der Körper keine Energie benötigt oder sogar noch vom letzten Essen pappsatt ist; man isst etwas, weil man es gerade meint zu brauchen.

Dieses sogenannte emotionale Essen, oder salopp ausgedrückt: Seelenfutter, dient oft als kurzfristiges und befriedigendes Mittel, um unangenehme Gefühle zu kompensieren oder aber Trost zu finden. Besonders kalorienreiche und stark verarbeitete Lebensmittel lösen dabei ein schnelles Belohnungsgefühl aus, wodurch das Verlangen nach ihnen verstärkt wird. Es scheint, als brauche Deutschland mehr und mehr einen Kick im Belohnungssystem, denn in den letzten Jahren ist der Umsatz im Fast-Food-Sektor in Deutschland gestiegen. Ein Beispiel ist McDonald's Deutschland, dessen Umsatz von rund 4,2 Milliarden Euro im Jahr 2022 auf etwa 4,8 Milliarden Euro im Jahr 2023 anstieg. Auch die gesamte Gastronomiebranche verzeichnete ein Wachstum, mit Umsätzen von über 67 Milliarden Euro im Jahr 2022, was einen neuen Höchststand darstellt.

Gleichzeitig können aber auch starker Stress oder Angst den Appetit vollständig unterdrücken. In solchen Momenten wird der Körper in Alarmbereitschaft versetzt und signalisiert, dass andere Prozesse, wie die Verdauung, vorübergehend nicht prioritär sind.

Gefahr besteht, wenn über längere Zeit zu wenig gegessen wird, denn dann drohen Heißhungerattacken, sobald der Stress nachlässt, und dann gibt es oft kein Halten mehr.

Mit der Zeit entwickeln sich durch diese Mechanismen unbewusste Muster, bei denen Emotionen stärker als körperliche Signale sind, die bestimmen, wann und wie viel gegessen wird, und mitunter fällt es zunehmend schwerer das echte Hungergefühl von emotionalem Essenswunsch zu unterscheiden und das eigene Essverhalten bewusst zu steuern.

## Umweltreize und Verfügbarkeit

Zum Leidwesen vieler ist die heutige Welt voller Essensreize. Egal, wo man geht und steht, die Verführung ist da:

Werbung, Supermärkte, Bäckereien, an jeder Ecke und allgegenwärtig sind wir Essensgerüchen ausgesetzt, die recht zuverlässig, wie auf Knopfdruck, unnötigen Appetit entstehen lassen.

Optisch werden hochverarbeitete, äußerst ungesunde Produkte so gestaltet, dass sie extrem ansprechend wirken, sei es durch bunte, leuchtende Farben, ansprechende, oft überfrachtete Verpackungen oder gezielte Werbebotschaften. In den Auslagen wird belegtes Gebäck so drapiert, dass einem beim Anschauen das Wasser im Mund zusammenläuft und der nächste Griff zum Geldbeutel fast schon einem Automatismus folgt.

Immer und überall gibt es Essbares, man muss kaum mehr Hunger aushalten. Diese permanente Verfügbarkeit von Essen lässt viele Menschen aus reiner Appetit-Lust, Gewohnheit oder Bequemlichkeit essen. Besonders in stressigen Situationen sind schnelle Snacks oder nebenbei konsumierte Mahlzeiten sehr verlockend (und befriedigend).

Umgekehrt führt Ablenkung, wie z. B. Multitasking, das Smartphone oder Fernsehen dazu, dass Sättigungssignale schlichtweg überhört werden.

Gegessen wird eher nebenher oder sogar unbewusst, und oft wird dadurch mehr gegessen, als eigentlich nötig wäre. Die Verbindung zum eigenen Körper und seinen Bedürfnissen geht verloren, und rein äußere Reize bestimmen das Essverhalten.

## Hormonelle Steuerung

Wie so vieles, werden auch das Hunger- und das Sättigungsgefühl von Hormonen gesteuert. Ghrelin, das „Hungerhormon", signalisiert dem Gehirn, dass Nahrung benötigt wird. Der Hormonspiegel steigt, wenn der Magen leer ist und sinkt nach dem Essen wieder ab. Leptin, das „Sättigungshormon", wird dagegen von den Fettzellen ausgeschüttet und gibt dem Körper das Signal, dass genug Energie vorhanden ist. Ein tolles System, wenn es ausgewogen ist, denn dann werden die entsprechenden Signale verlässlich erkannt.

Allerdings können Schlafmangel, andauernder Stress oder unregelmäßige Mahlzeiten dieses empfindliche Gleichgewicht stören. In solchen Fällen wird vermehrt das Hormon Ghrelin ausgeschüttet, während Leptin weniger stark wirkt, was wiederum zu einem gesteigerten Hungergefühl führt, selbst wenn kein Energiebedarf besteht, und so werden bei Schlafstörungen nicht selten in der Nacht vollständige, hochkalorische Mahlzeiten verputzt.

Stark verarbeitete Lebensmittel und ein dauerhaft hoher Zuckerkonsum können die hormonelle Steuerung beeinflussen (was ich genauer in meinem ersten Buch erklärt und beschrieben habe). Ein erhöhter Insulinspiegel nach dem Verzehr zuckerreicher Speisen führt zu Blutzuckerschwankungen, die wiederum Heißhungerattacken begünstigen. Ein Teufelskreis!

Und wenn die hormonelle Balance über längere Zeit im Ungleichgewicht ist, wird das intuitive Essen zunehmend schwieriger, weil der Körper dann Hunger- oder Sättigungssignale sendet, die nicht mehr mit dem tatsächlichen Energiebedarf übereinstimmen, was eine der Ursachen für übermäßiges oder unkontrolliertes Essen ist.

## Kognitive Kontrolle (Der Kopf mischt sich ein)

Neben den Hormonen mischt sich auch gern der Verstand aktiv in die Nahrungsaufnahme ein, meist mit Regeln und Vorgaben, er kreiert Diäten oder Ernährungsstrategien, Gebote und Verbote, die diktieren, wann, was und wie viel gegessen werden soll und darf.

Wer schon einmal eine oder mehrere Diäten kennengelernt hat, wird sich bei recht klassischen Gedanken wie „Ich darf jetzt bloß nichts essen.", oder: „Ich muss meine tägliche Proteinmenge erreichen.", oder „Nach 18 Uhr esse ich mal besser nichts mehr.", wieder erkennen.

Diese Gebote und Verbote stellen oft die eigentlichen Hunger- und Sättigungssignale des Körpers in den Schatten. Wer sich streng an solche Vorgaben hält, isst nicht mehr nach körperlichem Bedarf, sondern nach rein rationalen Entscheidungen, und das kann dazu führen, dass Hunger ignoriert oder Mahlzeiten auf unnatürliche Weise erzwungen werden. Langfristig kann sich dadurch die intuitive Wahrnehmung der Körpersignale verändern, so dass der Kopf das Essverhalten diktiert, während der Bauch immer weniger das Sagen hat.

So führt in vielen Fällen eine strenge, kopfgesteuerte Kontrolle über das Essen zu einem unnatürlichen Essrhythmus, der Heißhunger, Kontrollverlust oder das Gefühl von ständigem Verzicht verstärken kann. Daher ist ein gesundes Gleichgewicht zwischen bewusster Ernährung und der Fähigkeit, auf den eigenen Körper zu hören, essenziell, um ein langfristig entspanntes Essverhalten zu entwickeln.

## Der Kopf: Logik und Emotionen

Man sagt dem Gehirn nach, rationale Entscheidungen zu treffen, zumindest theoretisch. In der Realität werden Gedanken jedoch maßgeblich von Emotionen, Erinnerungen und Gewohnheiten beeinflusst. Während der Bauch spontan auf unmittelbare Bedürfnisse reagiert, arbeitet der Kopf an langfristigen Strategien.

Das Tückische dabei ist, dass das Gehirn Effizienz liebt, weswegen es häufig auf bekannte und bereits abgelegte Muster zurückgreift, anstatt jede Entscheidung von Grund auf neu zu überdenken, das wäre viel zu anstrengend! Diese Muster sind durch Erfahrungen, durch Werbung und kulturelle Einflüsse geprägt und daher nicht immer rein rational.

Ein Beispiel: Stellen Sie sich vor, Sie haben gerade zu Mittag gegessen und sind satt. Plötzlich entdecken Sie einen Teller mit frisch gebackenen Plätzchen. Während Ihr Bauch signalisiert, dass er keinen weiteren Bedarf hat, denkt Ihr Kopf: „Die sehen so lecker aus und riechen auch noch so gut, die passen noch!" Oft setzt sich in solchen Situationen der Kopf durch, vor allem, wenn Emotionen wie Langeweile oder Stress ins Spiel kommen.

Diese Diskrepanz zwischen Bauch und Kopf zeigt sich besonders dann, wenn man unbewusst zum Essen greift: So kann beispielsweise das Gefühl von Traurigkeit dazu führen, dass man zu Schokolade greift, obwohl der Körper keinen Hunger signalisiert; dann überwiegt eindeutig das Verlangen nach einer emotionalen Belohnung, während der Bauch stumm bleibt.

Ähnlich ist es, wenn Gewohnheit und Intuition kollidieren: Der Bauch meldet: kein Hunger, der Kopf drängt dazu, den Teller leer zu essen, was ein Verhalten ist, das sich eventuell über Jahre hinweg eingeprägt hat. (Bei mir war sogar das Wetter am nächsten Tag davon abhängig.)

Auch der Konflikt zwischen Logik und Genuss ist ein häufiges Phänomen: Während der Kopf weiß, dass ein Salat gesünder ist, sehnt sich der Bauch nach einer Pizza.

Viele, unschöne Dilemmas, die nur entstehen, weil Kopf und Bauch unterschiedliche Prioritäten setzen. Der Bauch handelt instinktiv, basierend auf biologischen Bedürfnissen, während der Kopf von sozialen, kulturellen und emotionalen Faktoren beeinflusst wird.

Der Auftrag an sich selber ist klar: Eine ausgewogene Balance zwischen Kopf und Bauch schaffen, denn trotz scheinbarer Kämpfe und Widersprüche sind beide keine Gegner. Sie lassen sich, zwar mit etwas Mühe, aber langfristig vielversprechend, harmonisch in Einklang bringen, um ein gesundes und ausgewogenes Essverhalten zu entwickeln.

Also, einfach mal versuchen auf die Signale des Körpers zu achten und sich in einer Kopf-oder-Bauch-Situation die Frage zu stellen: „Bist du wirklich hungrig, oder möchtest du jetzt aus anderen Gründen essen?"

Wer denkt, dass dies ein Ding der Unmöglichkeit ist, dem sei gesagt, dass es für die Beantwortung bzw. die Entscheidung eine ganz einfache Regel gibt: Hunger äußert sich oft durch ein leichtes „Magenknurren", während Appetit sich eher durch äußere Reize (Verfügbarkeit, Gerüche, Optik...) bemerkbar macht. So einfach ist das.

**Den Kopf zum Teammitglied ernennen**

Der Kopf ist eine große Hilfe, langfristige Ziele im Blick zu behalten, wie z. B. eine gesündere Ernährung oder die Gewichtskontrolle. Aber er sollte dabei nicht gegen den Bauch arbeiten, sondern ihn eher unterstützen, indem der Kopf bewusste Entscheidungen trifft, die im Einklang mit den natürlichen Bedürfnissen stehen.

Beispiel:

Das Vorhaben lautet: gesündere Ernährung, weniger Süßigkeiten, mehr Fitness.

Der Kopf weiß, dass zu viel Zucker nicht gut ist, weder generell noch für genau dieses Vorhaben, der Bauch hat aber plötzlich total Lust auf Süßes: dann sollte der Kopf nicht rufen: „Absolut verboten!", denn dann besteht die Gefahr sich schlecht zu fühlen oder Heißhunger zu bekommen.

Stattdessen könnte der Kopf eine bewusste Entscheidung treffen, die den Bauch mit einbezieht, zum Beispiel: „Okay, wir essen ein kleines Stück Schokolade, aber dazu gibt es ein paar frische Erdbeeren oder einen Apfel. So haben wir etwas Süßes, aber auch etwas Gesundes gegessen."

So arbeiten Kopf und Bauch im Team: Der Kopf bleibt bei seinem Ziel, und der Bauch fühlt sich nicht ignoriert, sondern verstanden, und beide können zufrieden sein!


## Achtsam essen

Achtsames Essen ist eine super Disziplin für die Teambuilding-Maßnahme „Kopf-Bauch".

Es hat den großen Vorteil sowohl dem Bauch als auch dem Kopf die Möglichkeit zu geben, sich zu Wort zu melden und bei möglichem Streit nicht unterzugehen.

Es bedeutet, ohne Ablenkung zu essen, sich nur auf das Essen zu konzentrieren, jeden Bissen zu genießen, aufs Kauen und auf die eintretende Sättigung zu achten, die übrigens meist schneller eintritt als bei hastigem Essen mit Terminen und etlichem Anderen nebenher. Für alle die also, die eher abnehmen wollen: Langsames und bewusstes Essen bedeutet eine geringere Kalorienaufnahme!

## Positive Rituale etablieren

Es ist sehr lohnenswert, gesunde Gewohnheiten zu entwickeln, die gesamtheitlich guttun. Anstatt bei einem Snack impulsiv zu ungesunden Alternativen wie Chips, Weingummi oder Schokolade zu greifen, ist es sinnvoller, nährstoffreiche Lebensmittel griffbereit zu haben, wie z. B. Nüsse, Obst oder Gemüsesticks. Sie sättigen und befriedigen den Geschmackssinn, ohne den Körper, die Waage oder am Ende die Arztpraxen zu überfordern.

Dafür sollte man seine vorhandenen Automatismen hinterfragen, denn oft isst oder trinkt man automatisch: sei es der Rotwein zum Abendessen, das süße Dessert mit Sahnehaube oder ein fettiger Snack zwischendurch. Wer sich dabei mal bewusst fragt, ob er einer alten Gewohnheit folgt oder tatsächlich einen Bedarf verspürt, wird häufiger als zunächst gewünscht merken, dass es sich nur um Routinen handelt. Das Infragestellen dieser Muster ist großartig, denn das kann ein erster Schritt sein, bewusster und gesünder zu essen.

## Die goldene Mitte

Die Frage, ob man allein dem Kopf oder dem Bauch die Entscheidungsmacht geben soll, ist hoffentlich bis hierher schon ein wenig klar geworden: Weder der Bauch noch der Kopf allein sollte die Kontrolle übernehmen. Ein rein bauchgesteuertes Essverhalten könnte zu impulsiven Entscheidungen führen, während ein ausschließlich kopfgesteuertes Verhalten den Genuss und den Spaß am Essen nimmt.

Ein erstrebenswertes Ziel liegt wie so oft in der Mitte, in der Kombination aus beidem, aus Intuition und Reflexion: Auf den Köper hören, aber den Verstand mitentscheiden lassen, das ist der goldene Weg. Wenn man spürt, dass man Hunger hat, sollte man sich gleichzeitig fragen, was dem Körper wirklich guttun würde. Und wenn der Kopf nach einem Stück

Kuchen schreit, kann man es sich ja mal gönnen, dann aber bewusst und ohne schlechtes Gewissen.

**Fazit:**

Bauch und Kopf sind keine Gegenspieler, sondern ein cooles Team, wenn man sie dazu macht. Beide haben ihre Berechtigung und ihre Stärken. Der Bauch weiß, was der Körper braucht, während der Kopf hilft, langfristige Entscheidungen zu treffen. Wenn man lernt, beiden zuzuhören und die Signale beider zu kombinieren, kann man nicht nur die Ernährung verbessern, sondern auch das Verhältnis zum Essen neu gestalten.

Am Ende geht es nicht darum, wer das Sagen hat, sondern darum, dass man sich wohlfühlt. Und das gelingt am besten, wenn Kopf und Bauch im Einklang sind.

# Größe zählt DOCH!

# Die Magie der kleinen Teller.

Bis hierher zusammenfassend kann man sagen, dass Essen viel mit Gewohnheiten, Emotionen, visuellen Reizen und Psychologie zu tun hat. Ein überraschend starker Einflussfaktor aber, der in meinen Augen viel zu wenig Beachtung bekommt und wenn doch, dann oft unterschätzt wird, ist die Größe des Tellers. Es klingt wahnsinnig banal, ist es aber nicht, Tellergröße und Portionswahrnehmung können das Essverhalten massiv beeinflussen. Denn:

## Das Auge isst mehr mit, als man denkt.

Wenn man ein und dasselbe Gericht, z. B. eine Portion Risotto, auf unterschiedlich große Teller packt, sieht man schon, was das beim puren Anblick mit einem macht. Dieselbe Portion (Risotto) nämlich sieht auf einem kleinen Teller üppig und sättigend aus, auf einem großen Teller fast verloren; ein interessantes Phänomen, das als „Delboeuf-Illusion" bekannt ist (Delboeuf beschrieb eine geometrisch-optische Täuschung): Wahrnehmung von Größe und Menge wird von der Umgebung beeinflusst. Ein großer Teller lässt eine Portion kleiner wirken, während ein kleiner Teller dieselbe Portion als groß erscheinen lässt.

Das Ergebnis kann besonders für abnehmwillige Menschen folgenschwer sein, oder aber gut genutzt werden, denn große Teller packt man normalerweise immer voller als kleinere, man sollte diesen Kniff also kennen... Der Grund dafür ist nicht Hunger, sondern die visuelle Täuschung, die suggeriert, dass man sonst „zu wenig" auf dem Teller hat.

Wissenschaftliche Untersuchungen zeigen sehr eindrucksvoll, wie stark die Tellergröße das Essverhalten beeinflusst. In einer Studie des Ernährungspsychologen Brian Wansink bekamen Probanden Eiscreme serviert. Ein

19

Teil der Gruppe erhielt große Schüsseln, der andere kleine. Das Ergebnis war mehr als eindeutig:

Die Gruppe mit den großen Schüsseln nahm durchschnittlich 31 % mehr Eis, weil der größere Behälter die wahrgenommene Portion relativ kleiner erscheinen ließ. Schlussfolgernd kann man schon erahnen, dass dadurch auch weniger Kalorien aufgenommen wurden, und tatsächlich:

Eine weitere Studie von ihm zeigte, dass Menschen mit kleineren Tellern im Durchschnitt sogar 20-30 % weniger Kalorien konsumieren, sogar ohne das Gefühl zu haben, auf etwas verzichten zu müssen. Diese Einsparung an Kalorien passiert unbewusst, weil die Portion auf einem kleinen Teller vollständig wirkt und das Gehirn zufriedenstellt. (Studie von Brian Wansink und seinem Team an der Cornell University, Erkenntnisse wurden in mehreren wissenschaftlichen Artikeln veröffentlicht, darunter in der Zeitschrift "Obesity" im Jahr 2006.)

Der Einfluss der Tellergröße liegt jedoch nicht allein bei der Portionswahrnehmung, mit verantwortlich ist auch die sogenannte „Cleared Plate Bias", die Tendenz, den Teller leerzuessen, unabhängig davon, ob man noch hungrig ist oder nicht. Wie bereits auf den Seiten zuvor erwähnt: Weil die meisten Menschen von klein auf gelernt haben, dass es Verschwendung ist, Essen übrig zu lassen, wird oft auch ein großer Teller mit einer großen Portion leer gegessen, egal, ob noch was in den Bauch passt oder nicht. Bei einem kleinen Teller wird die kleinere Portion als „normal" empfunden, und wenn dieser Teller leer ist, signalisiert das Gehirn Zufriedenheit, und ein Nachschlag wird weniger wahrscheinlich. Toll!

Bei der Trinkmenge ist es genauso: Menschen trinken signifikant mehr, wenn sie aus kleinen, breiten Gläsern trinken, als wenn sie hohe, schmale Gläser nutzen, auch wenn beide dieselbe Flüssigkeitsmenge enthalten. Das Gehirn bewertet visuelle Fülle stärker als tatsächliche Quantität.

Die Größe des Tellers ist ein sehr gutes Beispiel dafür, wie sehr man auf visuelle Reize reagiert. Das Gehirn verlässt sich oft mehr auf das, was es sieht, als auf das, was der Mensch fühlt. Man orientiert sich an äußeren Reizen, wie der Größe des Tellers oder der Menge in einem Trinkglas, anstatt auf innere Bauch-Signale wie Hunger und Sättigung zu hören.

Bei allem Gerangel zwischen Gehirn und Bauch gibt es eine gute Nachricht: Man kann dieses Wissen nutzen, um sein Essverhalten positiv zu beeinflussen. Und zwar einfach:

1. **Kleinere Teller nutzen:** Ein Durchmesser von 20 cm statt 30 cm führt viel eher dazu, dass man weniger isst, ohne sich zu sehr einzuschränken.
2. **Die Farbe des Tellers bedenken:** Studien zeigen, dass Kontraste zwischen Teller und Essen ebenfalls eine nicht kleine Rolle spielen. Ein heller Teller lässt helles Essen (z. B. Kartoffeln oder Reis) größer erscheinen und kann den Portionswunsch reduzieren. Forscher der Universität Oxford und der Polytechnischen Universität Valencia untersuchten 2011 den Einfluss von schwarzen und weißen Tellern auf den wahrgenommenen Geschmack und fanden heraus, dass Erdbeermousse auf weißen Tellern besser und süßer schmeckte als auf schwarzen. Tellerfarbe und Kontrast beeinflussen also auch das Geschmacksempfinden.
3. **Schmale Gläser nutzen:** Bei kalorienreichen Getränken (Alkohol, Säfte) sind schmale, hohe Gläser ein Garant dafür, um unbewusst weniger zu trinken.
4. **Auf den Körper hören:** Am wichtigsten bleibt es, immer achtsam zu essen und auf das Bauchgefühl zu hören.

**Fazit:** Der Wechsel zu kleineren Tellern ist wie ein unscheinbarer Trick mit großer Wirkung und dabei eine der einfachsten Methoden, um sein Essverhalten langfristig positiv zu beeinflussen, ohne auf Genuss zu verzichten.

Am Ende ist es nicht nur die Größe des Tellers, die zählt, sondern auch die Art und Weise, wie wir die Mahlzeit wahrnehmen und erleben. Ein bewusster Umgang mit diesen kleinen, aber wirkungsvollen Methoden kann helfen, wieder mehr Kontrolle über die eigenen Essgewohnheiten zu bekommen, ohne harte Diätpläne oder allzu viel Verzicht.

# Die Macht der Farben

## Wie die Optik das Essverhalten beeinflusst.

Nicht nur die Tellergröße, sondern auch Farben beeinflussen sowohl den Appetit als auch die Portionswahrnehmung. Beispielsweise wirken rote Teller eher appetitanregend, blaue Teller dagegen appetit-schwächend.

Farben sprechen Menschen auf emotionaler und psychologischer Ebene an, egal ob es rote Kirschen sind, gelbe Bananen oder ein grüner Salat. Alles weckt Assoziationen, beeinflusst die Wahrnehmung von Geschmack und steuert letztlich sogar, wie viel man isst. Wie auch die Tellergröße, so wird auch die Macht der Farben oft unterschätzt, obwohl ihre Wirkung enorm ist.

Hier einige Beispiele:

**Rot: Die Farbe der Leidenschaft und des Hungers:** Rot ist aufregend, aufmerksamkeitsstark und anregend. Es signalisiert Reife und Süße, wie bei roten Äpfeln oder Beeren, und gilt als appetitsteigernd. Deshalb setzen viele Restaurants bewusst auf rote Akzente.

**Gelb / Orange: Die Farben der Wärme und Freude:** Gelb und Orange stehen für Fröhlichkeit und Energie. Sie ziehen die Aufmerksamkeit auf sich und regen den Appetit an, was man gut bei Werbung für Snacks oder Fast-Food sehen kann.

**Grün: Die Farbe der Natur und Gesundheit:** Grün vermittelt Frische, Natürlichkeit und Harmonie. Es wird oft mit gesunder Ernährung assoziiert und vermittelt den Eindruck von Leichtigkeit.

**Blau: Die Appetitbremse:** Blau ist in der Natur selten als natürliche Lebensmittel-Farbe zu finden. Studien zeigen, dass diese Farbe appetithemmend wirken kann, weshalb es in der Lebensmittelindustrie selten genutzt wird.

**Grau und Weiß: Die Farben der Neutralität:** Neutrale Farben wie Weiß oder Grau wirken weniger anregend und können eher daher das Interesse an Lebensmitteln mindern, da sie aufgrund ihrer schwachen Farbe weniger ansprechend wirken.

Schon vor dem ersten Bissen / dem ersten Schluck kreieren Farben bestimmte Erwartungen an den Geschmack.

Ein Beispiel:

Ein orangefarbenes Getränk wird als süß und fruchtig wahrgenommen, auch wenn es neutral schmeckt. Diese sensorische Täuschung wird „Crossmodalität" genannt und zeigt, wie eng die Sinne miteinander verknüpft sind: Würde man dieses Getränk mit geschlossenen Augen serviert bekommen, wäre das Geschmacksempfinden gleich dem wahren Geschmack.

**Rot = Süße:** Rote Lebensmittel wie Kirschen, Erdbeeren oder Tomaten werden automatisch mit süßeren Geschmacksnoten assoziiert.
**Grün = Frische:** Grünes Essen wird oft mit Frische oder Bitterkeit in Verbindung gebracht, wie bei Salat oder Kräutern.
**Gelb = Säure:** Gelbe Speisen, z. B. Zitronen oder Ananas, suggerieren Säure und Frische.

## Der Einfluss auf das Essverhalten

Nicht nur die Farbe des Essens, sondern auch die in der Umgebung beeinflusst, wie man isst. Restaurants und Küchen nutzen bestimmte Farben gezielt, um das Verhalten ihrer Gäste zu Gunsten ihrer Umsätze zu beeinflussen.

Restaurants mit roten und orangefarbenen Farbtönen regen den Appetit an und lassen Gäste schneller essen. Ein cleveres Konzept, denn wenn schneller gegessen wird, kommt in kurzer Zeit auch mehr in den Magen, das Signal der Sättigung kommt erst viel später im Gehirn an, es wird also mehr bestellt. Die Kassen klingeln.

Neutrale oder dunkle Farben lenken kaum Aufmerksamkeit auf das Essen, wodurch Gäste oft unbewusst mehr konsumieren.

Blaue Essbereiche hingegen wirken beruhigend und können den Appetit dämpfen, was bei Abnehm-Programmen vorteilhaft sein kann, jedoch weniger in Restaurants, die nur auf Gewinnmaximierung aus sind und ihre Miete und Angestellten aus den Umsätzen / Gewinnen bezahlen müssen.

Wie die Wahl der Tellergröße, so kann man also auch Farben gezielt einsetzen, um sein Essverhalten zu kontrollieren und bewusst zu steuern:

1. **Kleinere, kontrastreiche Teller** fördern das Bewusstsein für Portionen und helfen, weniger zu essen.
2. **Blau,** um Appetit zu zügeln.
3. **Gesunde Farbvielfalt** wie bei einem bunten Salat, wirkt appetitlich und verleitet zum Essen.
4. **Farbkontraste nutzen.** Wenn man dazu neigt, zu viel zu essen, sollte man kontrastreich vorgehen und eine Geschirrfarbe wählen, die sich farblich gut von den Speisen abhebt.

**Fazit:** Farben als (unbewusste) Entscheidungsträger.

Farben sind viel mehr als nur etwas Ästhetisches, sie beeinflussen unser Essverhalten auf tiefgreifende Weise.

Ob es darum geht, den Appetit zu steigern, Portionsgrößen zu kontrollieren oder Geschmackserwartungen zu bilden, die richtige Farbwahl kann den entscheidenden Unterschied machen.

Wenn wir den Einfluss der Farben verstehen und bewusst nutzen, können wir Essgewohnheiten positiv beeinflussen. Denn am Ende isst das Auge nicht nur mit, es entscheidet mit.

# Die Macht der Gewohnheit

## Warum wir essen, was wir essen.

Eines meiner Lieblingsthemen ist die Gewohnheit, die ständiger Begleiter unseres Verhaltens ist und hilft Fragen zu beantworten wie:

Warum greifen wir immer wieder zu denselben Lebensmitteln, warum essen wir ohne Hunger? Warum fällt es uns so schwer, ungesunde Essgewohnheiten zu ändern?

Die Gewohnheit ist eine der größten unsichtbaren Treiber des Ernährungsverhaltens und arbeitet wie ein Autopilot des Gehirns.

Gewohnheiten sind im Alltag wichtig, denn sie sind die Art und Weise, wie das Gehirn Energie sparen kann, und es liebt dieses Sparen! Jede wiederholte Handlung, die automatisch erfolgt, reduziert die Menge an bewusster Anstrengung, die das Gehirn dafür aufwenden muss. (Auch hier verweise ich gern auf mein erstes Buch, in dem ich ein ganzes Kapitel der Gewohnheit gewidmet habe.)

Die vielen täglichen Entscheidungen rund ums Essen laufen meist unbewusst ab, der Rest läuft auf „Autopilot", und dieser Autopilot kann sowohl Freund als auch Feind sein. Freundschaftlich an ihm ist, dass er dafür sorgt, dass wir routiniert beim Frühstück die Marmelade aufs Brot schmieren, ohne, dass wir darüber nachdenken, aber er kann einen auch ganz un-freundschaftlich in eine Falle locken, indem er sukzessive antrainiert, bei Stress immer zu Schokolade, Chips oder ähnlichem zu greifen.

## Die Entstehung von Gewohnheiten

Der Prozess der Entstehung einer Essgewohnheit folgt meist einem einfachen Schema, das der Psychologe Charles Duhigg in seinem Buch *„Die Macht der Gewohnheit"* beschreibt:

Zuerst ist da der **Auslöser (Trigger):** Etwas in der Umgebung, oder ein Gefühl, löst den Impuls aus. Zum Beispiel: Der Duft von frischem Gebäck. Daraus entsteht die **Routine:** Man greift automatisch zu einem bestimmten Essen, das man mit diesem Auslöser verknüpft, wie z. B. Kuchen am Nachmittag zum Kaffee.
Dicht gefolgt von der **Belohnung:** Das Gehirn belohnt anschließend mit einem angenehmen Gefühl, sei es purer Genuss, Seelenbalsam oder Entspannung.

Dieser Kreislauf wiederholt sich, bis er zu einer festen Gewohnheit wird. Je häufiger dieser Kreislauf in Gang gesetzt wird, desto tiefer brennt er sich ins Gehirn, ähnlich wie der berühmte Tropfen, der den Stein höhlt.

Die Gewohnheiten, die das Essverhalten prägen, haben oft tiefe Wurzeln.

Ein besonders prägender Einfluss sind Kindheit und Erziehung. Die Essgewohnheiten, die man in jungen Jahren entwickelt, sind zumeist schwer abzulegen, weil sie sich über viele Jahre verfestigt haben. Wenn es in der Kindheit beispielsweise jeden Sonntag frischen Kuchen oder Waffeln gab, ist es sehr wahrscheinlich, dass Süßes unbewusst mit einem erstrebenswerten Gefühl von Geborgenheit und Familie / Wärme verknüpft ist.

Diese früh angelegten Assoziationen bleiben meist ein Leben lang bestehen und beeinflussen, welche Lebensmittel man viele Jahre bevorzugt, oft zum Leidwesen des Bauchumfangs oder Gesundheitsstatus.

Ein weiterer bedeutender Faktor ist die kulturelle Prägung. Was man als „normal" oder typisch empfindet, hängt u. a. stark davon ab, wo und wie man aufgewachsen ist.

In Asien z. B. ist Reis ein unverzichtbares Grundnahrungsmittel, während in Europa die gute alte Kartoffel eine ähnliche Rolle spielt. Diese kulturelle Prägung geht über Grundnahrungsmittel hinaus, denn sie beeinflusst auch, welche Geschmäcker man als angenehm empfindet und welche Essensrituale einem vertraut sind.

Darüber hinaus spielen Emotionen eine zentrale Rolle beim Essverhalten. Oft ist das Essen eine Art emotional rettender Strohhalm. In Momenten von Stress, Trauer oder Langeweile kann das Essen gut diese Gefühle regulieren. Dieses „Seelenfutter" kann zu einer tief verwurzelten Gewohnheit werden, die nur schwer zu durchbrechen ist, da sie oft unbewusst geschieht und sich über einen langen Zeitraum manifestiert hat.

Auch Bequemlichkeit und Sichtbarkeit / Verfügbarkeit haben einen entscheidenden Einfluss. Schnell verfügbare und einfach zugängliche Lebensmittel sind in einem rasanten Leben sehr verlockend.

Fast Food, Fertiggerichte und Snacks sind nicht nur praktisch, sondern haben sich im Laufe der Zeit leider auch zu einem festen Bestandteil moderner Essgewohnheiten entwickelt. Diese Lebensmittel bieten einen hohen Komfort, so dass es nur logisch ist, dass viele Menschen sie allzu häufig wählen, obwohl sie das genaue Gegenteil von gesunder Nahrung darstellen.

All diese Komponenten: Kindheit, Kultur, Emotionen und Bequemlichkeit zeigen, wie vielschichtig das Essverhalten ist und wie stark es von äußeren und inneren Einflüssen geprägt wird.

## Wie man Essgewohnheiten verändern kann

Die gute Nachricht ist: Gewohnheiten können verändert werden. Der Schlüssel, der eventuell unbequem ist, an dem es sich aber lohnt zu drehen, liegt darin, den Kreislauf aus Auslöser, Routine und Belohnung zu erkennen und ganz gezielt zu verändern.

Dafür ist es wichtig, zuerst einmal die Auslöser zu erkennen und zu hinterfragen, in welchen Situationen man zu (ungesunden) Lebensmitteln greift, wann, wo und aus welchem Grund. Oft sind es, wie gesagt, bestimmte Emotionen oder Routinen, die dieses Verhalten auslösen und steuern.

Anstatt bei Stress automatisch zur Schokolade zu greifen, kann man bewusst lieber einen Spaziergang, Atemübungen oder eine kurze Entspannungspause einbauen, also eine gesündere Möglichkeit, mit besonderen, herausfordernden Momenten umzugehen. Dabei kann und sollte das Ziel nicht sein, den Auslöser zu vermeiden, sondern die Reaktion darauf zu verändern. Und weil das Gehirn gerne nach Belohnung sucht, sollte man gesunde Entscheidungen bewusst verstärken und sich z. B. für die Wahl einer gesunden Alternative loben und diese als wahren Erfolg anerkennen. Dies unterstützt nämlich die langfristige Verankerung neuer Gewohnheiten, es braucht dafür nicht immer Anerkennung von außen, die eigene tut es auch!

Last but noch least: Veränderungen brauchen Zeit.

Bitte mit kleinen Schritten anfangen. Anstatt alle Essgewohnheiten gleichzeitig umzustellen, ist es effektiver, sich auf eine Veränderung zu konzentrieren, bis diese zur Routine wird und sich dann erst die nächste vorzunehmen. Vor allem ist Geduld das A und O. Studien zeigen, dass es etwa 66 Tage dauert, bis eine neue Gewohnheit gefestigt ist. Perfektion ist dabei nicht so wichtig wie das Dranbleiben und die Nachsicht mit sich.

## Die Macht bewusster Entscheidungen

Eine der größten Herausforderungen beim Verändern alter Gewohnheiten liegt darin, dass sie oft unbewusst ablaufen. Viele Muster, auch die beim Essen, entstehen automatisch, ohne dass sie hinterfragt oder überhaupt wahrgenommen werden.

Um die Macht dieser Gewohnheiten zu überwinden, sollte man versuchen achtsamer mit dem eigenen Essverhalten umzugehen und bewusster zu essen, denn Achtsamkeit spielt dabei eine sehr wichtige Rolle.

Wenn man dem Essvorgang, vom Ansehen der Speise auf dem Teller, über den Geruch und das Empfinden der Textur, bis hin zum völligen Genuss der Speise gezielte Aufmerksamkeit schenkt, nimmt man das gesamte Essen viel besser wahr und kann bewusster genießen. Mit diesem Fokus kann man den Moment vollständig erleben, und man bekommt ein besseres Gespür für individuelle Bedürfnisse und Vorlieben.

Ich glaube, viele Menschen kennen das derartige Fokussieren gar nicht mehr; es muss einen Zeitpunkt im Leben geben, an dem man es verlernt, denn Kinder machen es einem noch vor und das sehr detailliert, obwohl sie manchmal zu dem Schluss kommen, dass sie etwas nicht mögen, aber bis sie das erkennen, inspizieren sie das Essen mit wirklich allen Sinnen.

Ich habe es bei meinen Kindern sehr oft erlebt: Sie schauen recht lange auf die servierte Speise, riechen erst einmal daran, vor allem öfter, wenn sie etwas noch nie zuvor gegessen haben, stellen dazu Fragen, drücken vielleicht auch mit dem Finger darauf, um die Konsistenz vorab zu inspizieren, fahren das Essen dann ganz langsam und kritisch-neugierig in den Mund, kauen mit geweiteten Augen und wie in Zeitlupe, um dem Geschmack langsam auf die Schliche zu kommen und ihn zu begreifen. Herrlich! So soll es sein, oder?

Ebenso wichtig ist das Essen ohne Ablenkung. Ich hatte es schon mal kurz auf den Seiten zuvor erläutert, möchte es aber hier noch einmal explizit darstellen.

Oft wird während der Mahlzeiten ferngesehen, auf den Büro-Bildschirm oder auf das Handy geschaut oder anderen Tätigkeiten nachgegangen. Es ist doch logisch, dass man dabei gar nicht mitbekommt, wenn das Sättigungsgefühl einsetzt, es stellt ja schließlich nur eine Nebentätigkeit dar und passiert unbewusst.

Wenn man hingegen bewusst und ohne äußere Störungen isst, fördert man die Verbindung zwischen Körper und Geist und bekommt ein sensibleres Gehör, ein besseres Verständnis für die eigenen Bedürfnisse, man kann viel besser in sich hineinhören und sich selbst wahrnehmen, merkt, wann man satt ist, hurra!

Ein weiterer wichtiger Aspekt ist ein langsameres Essverhalten. Meistens wird zu hastig gegessen, wodurch das Gehirn nicht die Möglichkeit hat, das Sättigungsgefühl rechtzeitig zu registrieren. Indem jeder Bissen bewusst gekaut und das Essen in Ruhe genossen wird, lässt sich nicht nur besser auf Körpersignale hören, sondern auch die Mahlzeit als Ganzes mehr wertschätzen.

Dies alles sind sehr einfache, aber wirkungsvolle Veränderungen, mit denen ein bewussterer Umgang mit dem Essen gestartet oder sogar etabliert werden kann. So lassen sich alte Muster aufbrechen und durch gesündere Gewohnheiten ersetzen.

**Fazit:** Der Schlüssel liegt in jedermanns Hand.

Die Macht der Gewohnheit bestimmt, was und wie wir essen, meistens ohne, dass wir es merken. Doch sobald wir uns dieser Mechanismen bewusst werden, können wir die Kontrolle zurückgewinnen.

Gewohnheiten lassen sich verändern und vor allem: verbessern. Der erste Schritt ist, sie zu verstehen, der zweite, sie aktiv zu gestalten. Denn letztendlich ist man der Architekt der eigenen Ernährung. Das neue, gesündere Lieblingsessen kann genauso leicht zur Gewohnheit werden wie die Schokolade zwischendurch. Es beginnt mit einer bewussten Entscheidung und dem ersten, kleinen Schritt.

# Hunger ist kein Zufallsgast

Jeder kennt das Gefühl von Hunger, wenn der „Magen knurrt", ein klares Zeichen.

Die Frage dabei ist: Ist Hunger wirklich so einfach zu verstehen, oder hat er tiefere, psychologische und physiologische Wurzeln?

Da Hunger das Ergebnis eines komplexen Zusammenspiels von Hormonen, Emotionen, Gewohnheiten und sogar Umwelteinflüssen ist, ist er alles andere als ein Zufallsgast.

## Das biologische Signal des Hungers

Hunger ist eine ganz natürliche Meldung des Körpers, dass er Energie benötigt. Die Steuerung dieses Signals erfolgt im Hypothalamus, das ist ein kleiner Bereich im Gehirn, in dem Signale aus dem gesamten Körper zusammenkommen, die dem Gehirn mitteilen, ob man genug gegessen hat oder ob die Energieversorgung aufgebraucht und Nachschub vonnöten ist, dabei spielen die beiden Hormone, die Sie von Seite 12 kennen, die Schlüsselrolle, nämlich Ghrelin, das sogenannte „Hungerhormon", das dem Gehirn Bescheid gibt, wenn der Magen leer ist und Nahrung benötigt wird und Leptin, das „Sättigungshormon", das Bescheid gibt, wenn man satt ist.

Es gibt viele Situationen, in denen man glaubt, hungrig zu sein, obwohl es um etwas Anderes geht.
Um da entscheiden zu können und bewusster mit dem Essverhalten umzugehen, ist der erste Schritt, die verschiedenen Formen von Hunger zu erkennen:

## 1. Der physiologische Hunger:

Das ist der echte Hunger, der entsteht, wenn der Körper Energie benötigt. Typische Anzeichen sind ein „knurrender Magen", ein leichtes Zittern oder ein allgemeines Gefühl der Schwäche. Dieser Hunger baut sich langsam auf und lässt sich schnell durch eine (hoffentlich) ausgewogene Mahlzeit stillen.

## 2. Der emotionale Hunger:

Seelenfutter, es geht mehr um die Seele als um den Körper. Stress, Langeweile, Traurigkeit und sogar Freude sind manchmal Grund dafür, dass man isst, ohne wirklich hungrig zu sein. Emotionen werden mit Essen kompensiert, und dabei zu oft durch den Griff zu süßen oder fettigen Lebensmitteln, die schnelle Befriedigung versprechen.

## 3. Der visuelle / situative Hunger:

Man hat gerade gegessen, aber dann den appetitlich angerichteten Teller mit Kuchen und Plätzchen auf dem Tisch stehen sehen und plötzlich wieder Hunger verspürt. Dieser „Hunger" wird durch äußere Reize wie Gerüche, Farben oder Werbung ausgelöst und ist eher Appetit.

## 4. Der Gewohnheitshunger:

Hunger, der aus Routine entsteht. Man greift automatisch z. B. nach der Arbeit um 17 Uhr zu ein paar Stücken Schokolade, weil es Teil des Tagesablaufs ist.

Hunger scheint oft genau dann aufzutreten, wenn es gar nicht passt, oder er führt zu ungesunden Entscheidungen.

Ein bedauerlicher Aspekt unserer heutigen Lebensweise. Denn unser Hungergefühl ist längst nicht mehr nur ein verlässlicher Indikator für den tatsächlichen Energiebedarf, sondern wird von einer Vielzahl äußerer und innerer Faktoren beeinflusst, mit teils problematischen Folgen.

Eine große Rolle spielt dabei die innere Uhr, die eng mit unserem Biorhythmus verknüpft ist. Der Körper gewöhnt sich an feste Essenszeiten und meldet Hunger, selbst wenn ausreichend Energie vorhanden ist. Wer beispielsweise im Büro arbeitet, kennt vielleicht die täglichen Lunchverab-redungen um Punkt zwölf Uhr – oft geht man mit, obwohl man eigentlich noch satt ist. Auch mir selbst passiert das regelmäßig, weil die gemein-same Mahlzeit eben schon Tage vorher festgelegt wurde.

Ein weiterer Einflussfaktor sind hochverarbeitete Lebensmittel mit viel Zu-cker, Salz und Fett. Sie stören die natürlichen Sättigungssignale und sor-gen dafür, dass der Hunger schneller zurückkehrt, ein Teufelskreis, der langfristig zu einem Übermaß an Energiezufuhr und möglichen Folgeer-krankungen führt.

Schlafmangel tut sein Übriges, denn er verändert das hormonelle Gleich-gewicht, erhöht das Hungerhormon Ghrelin und senkt das Sättigungshor-mon Leptin, was wiederum Heißhunger und die Lust auf kalorienreiche Snacks verstärkt.

Und dann ist da noch der Stress, der den Körper in Alarmbereitschaft ver-setzt und nach schnellen Energiequellen verlangt, oft in Form von Zucker und Fett.

Auch emotionale Muster spielen eine Rolle. Schon in der Kindheit wird Essen häufig mit Gefühlen wie Zuwendung oder Belohnung verknüpft. Ein aufgeschürftes Knie, ein Fallen von der Schaukel oder Ärger mit dem bes-ten Freund, Süßes war das beste Pflaster. Diese früh erlernten Verhaltens-muster wirken oft bis ins Erwachsenenalter hinein, und ob man es glaubt oder nicht, unbewusst greift man auch Jahre später noch zum „Trostes-sen".

Kurz gesagt: Es gibt zahlreiche Reize und Bedingungen, die unseren Hun-ger fernab vom eigentlichen Energiebedarf beeinflussen. Wer lernen möchte, diesen Mustern bewusster zu begegnen, sollte unbedingt weiter-lesen.

**Hier sind meine Tipps dazu:**

Zuallererst sollte man sich vor dem Essen fragen, ob man wirklich Hunger hat oder ob andere Gefühle eher die Lust aufs Essen in Gang setzen. Gut ist hier eine Hungerskala zu nutzen: Von 1 (völlig ausgehungert) bis 10 (völlig satt). Erstrebenswert ist ein Wert zwischen 3 und 7, bei diesen Werten: Guten Appetit.

**Auf ausgewogene Ernährung achten:**

Ausgewogen ist eine Mahlzeit mit komplexen Kohlenhydraten (wie z. B. Gemüse, Obst, Nüsse, Vollkornprodukte), Eiweiß und gesunden Fetten. Solche Mahlzeiten halten länger satt als die sogenannten leeren Kalorien, also Kalorien, die zwar viel Energie (in Form von Zucker oder Fett) liefern, aber kaum oder keine nennenswerten Nährstoffe wie Vitamine, Mineralstoffe, Ballaststoffe oder sekundäre Pflanzenstoffe enthalten. Lebensmittel mit Ballaststoffen, wie Vollkornprodukte, Gemüse, Hülsenfrüchte halten den Blutzuckerspiegel stabil, und man kann relativ sicher sein weniger Heißhungerattacken zu bekommen.

**Ausreichend schlafen:**

Ein guter Schlaf ist wichtig, um die Hungerhormone im Gleichgewicht zu halten und dadurch Heißhungerattacken zu vermeiden.

**Ein gesundes Stressmanagement etablieren:**

Anstatt bei Stress zu essen, Alternativen wie Bewegung, Meditation oder das Schreiben eines Tagebuchs wählen.

**Gewohnheiten kritisch hinterfragen:**

Bestimmt die Uhrzeit die Essenszeit oder das Umfeld, z. B. im Büro? Mehr Achtsamkeit mit diesen Fragestellungen bringt tolle, gesunde, neue Rituale ins Leben.

**Fazit:** Hunger als bewusste Entscheidung.

Hunger ist kein Zufallsgast, aber er ist auch kein ungewollter Besucher, wenn wir ihn richtig einordnen können.

Er kommt, Energie einzufordern.

Die Kunst liegt darin, zu unterscheiden, welcher Hunger wirklich zählt und wie wir ihn auf gesunde Weise stillen können. Denn wenn wir Hunger nicht nur als lästiges Bedürfnis, sondern als wertvollen Hinweis sehen und annehmen, können wir nicht nur besser essen, sondern auch bewusster und gesünder leben.

# Seelenfutter

Schon auf einigen Seiten zuvor habe ich den emotionalen Hunger angeschnitten, jetzt bekommt er ein ganzes Kapitel.

Emotionaler Hunger ist ein oft unerwünschtes Phänomen, weil man in Momenten zu Schokolade, Chips oder überwürzten Speisen greift, in denen man gar keinen Hunger hat. Dieses Verlangen hat dann nichts mit körperlichem Hunger zu tun, es ist ein Hunger der Seele.

Im Gegensatz zum physischen Hunger, der durch den Energiebedarf des Körpers ausgelöst wird, entsteht emotionaler Hunger durch psychologische Faktoren. Er tritt oft plötzlich auf und verlangt zu häufig nach bestimmten, ungesunden Lebensmitteln, die meistens süß, fettig oder salzig sind und wird nicht durch Sättigung gestillt. Stattdessen bleibt auch nach kurzfristiger Zufriedenstellung im Nachgang zusätzlich noch ein Gefühl von Frustration oder sogar schlechtem Gewissen zurück.

Es hört sich ganz danach an, als sei der Griff zu etwas Essbarem bei emotionalem Hunger eine Schwäche, das ist es aber nicht, sondern ein natürlicher Mechanismus, der tief im Gehirn zu finden ist. Wenn man etwas Süßes oder Fettiges isst, schüttet der Körper das Glückshormon Dopamin aus; das beruhigt und verleiht kurzfristig ein gutes Gefühl.

Wie gesagt: kurzfristig, denn diese Strategie hat einen Haken: Die beruhigende Wirkung ist nur von so kurzer Dauer, dass die eigentlichen Emotionen, wie Stress, Traurigkeit oder Langeweile per se ungelöst bleiben. Stattdessen kommt es zu einem Teufelskreis, bei dem Essen zur bevorzugten Bewältigungsstrategie wird.

Ein weiteres Indiz ist die starke Lust auf bestimmte Lebensmittel. Wenn nach einem langen Tag nur ein Stück Schokolade oder eine Tüte Chips als wirklich verlockend erscheint und nicht der frische Salat, ist das ein klares Zeichen für emotionalen Hunger. Im Gegensatz dazu lässt sich physischer Hunger in der Regel mit einer breiten Palette von Lebensmitteln stillen, auch mit Salat, zumindest als Beilage.

Emotionaler Hunger kann unabhängig von der letzten Mahlzeit auftreten. Selbst wenn man gerade erst gegessen hat, fühlt sich dieser Hunger genauso drängend und zwingend an wie echter, körperlicher Hunger. Und auch hier wird emotionaler Hunger durch Essen nicht wirklich gestillt. Egal, wie viel man isst, das Gefühl bleibt und wird noch durch Schuldgefühle begleitet, die die ursprüngliche Emotion zusätzlich verstärken.

Damit man Seelenhunger langfristig durch gesündere Strategien ersetzen kann, muss man anfangen diese Unterschiede zu erkennen und zu verstehen.

### 1. Gefühle benennen (lernen):

In Momenten des Verlangens kann man sich fragen: „Was fühle ich gerade?" Oft hilft es, diese Gefühle konkret zu benennen, ob es Wut, Frust, Einsamkeit oder Langeweile ist.

### 2. Alternative Bewältigungsstrategien schaffen:

- **Bei Stress:** Hier können Yoga, ein Spaziergang oder Atemübungen helfen.
- **Bei Langeweile:** Einem Hobby nachgehen, den Keller aufräumen, Sport machen oder Freunde / Familie anrufen.
- **Bei Traurigkeit:** Gedanken notieren, mit Freunden / Familie sprechen.

### 3. Hungertagebuch führen:

So lustig es sich für den einen oder anderen anhören mag: Ein Tagebuch hilft, Muster zu erkennen, die aufzeigen, wann man isst, was man isst und wie man sich dabei fühlt, also warum man isst. Mit der Zeit hilft es besser zu verstehen, wann emotionaler Hunger die Kontrolle übernimmt.

### 4. Bewusstes Genießen:

Es ist völlig in Ordnung, ab und zu ein Stück Schokolade o.ä. zu genießen, solange es bewusst und ohne Schuldgefühle passiert.

## 5. Achtsamkeit:

Achtsamkeit hilft, Gefühle zu akzeptieren, ohne sie mit Essen betäuben zu müssen. Meditation oder achtsames Essen können wahre Wunder wirken.

**Fazit:** Essen für die Seele ist ok, aber bewusst sollte es sein.

Emotionaler Hunger ist kein Feind, sondern ein Signal, das auf innere Bedürfnisse hinweist. Wenn wir lernen, dieses Signal zu deuten und darauf zu reagieren, ohne uns ausschließlich aufs Essen zu verlassen, können wir nicht nur unser Essverhalten verbessern, sondern auch einen wertsteigernden, liebevolleren Umgang mit uns selbst entwickeln.

Essen kann und darf Trost spenden, aber es sollte nicht der einzige Weg sein, sondern eher eine Ausnahme, um mit Gefühlen umzugehen. Wenn wir Emotionen ganz bewusst wahrnehmen und neue Strategien entwickeln, stärken wir nicht nur unsere Seele, sondern auch die Fähigkeit, in schwierigen Momenten auf uns selbst zu achten.

# Ernährung und Psyche

## Essen ist Stimmung.

Es gibt Tage, an denen Schokolade Trost spendet, Kaffee die eben noch schlafenden Geister weckt und ein herzhafter Eintopf das Gefühl von Kindheit, Wärme und Geborgenheit schenkt. Aber warum ist das so? Warum beeinflusst das, was wir essen, unsere Stimmung so sehr?

Wissenschaftliche Erkenntnisse zeigen, dass Ernährung und Psyche auf biochemischer, emotionaler und sozialer Ebene eng miteinander verknüpft sind. (Bsp.: Artikel „Ernährung, Stoffwechsel, Gehirn und mentale Gesundheit", der den komplexen Zusammenhang zwischen Nahrungsaufnahme, Stoffwechsel und mentaler Gesundheit beleuchtet. Publikation "Ernährung und Psyche – Essen: Ein Wechselspiel zwischen Kopf und Bauch" beleuchtet, dass das Essverhalten nicht nur physiologische, sondern auch soziale Funktionen erfüllt.)

Das Gehirn ist ein tolles und hochsensibles Organ, das ständig auf chemische Signale reagiert, die maßgeblich von der Ernährung beeinflusst werden. Einige der wichtigsten Beteiligten sind:

**Serotonin, das Glückshormon:** Zirka 90 % des Serotonins, das für Wohlbefinden und Glücksgefühle verantwortlich ist, werden im Darm produziert. Lebensmittel wie Bananen, Nüsse oder Schokolade fördern die Serotoninproduktion, wirken stimmungsaufhellend.

**Dopamin, der Motivator:** Proteinreiche Lebensmittel wie Fleisch, Fisch, Eier und Milchprodukte liefern wichtige Aminosäuren, die für die Dopaminproduktion notwendig sind. Dopamin steigert Motivation und Konzentration.

**Omega-3-Fettsäuren:** Diese essentiellen Fettsäuren, vorzufinden in Fisch, Walnüssen und Leinsamen, fördern die Gehirngesundheit und können Depressionen vorbeugen und lindern.

**Blutzucker und Energie:** Lebensmittel mit einem hohen glykämischen Index, wie Weißbrot oder Süßigkeiten, bringen kurzfristige Energieschübe, die allerdings schnell wieder abfallen und daher aufgrund dieser

Blutzucker-Achterbahn Reizbarkeit oder Erschöpfung begünstigen, bevor die nächste Heißhungerattacke schon im Anmarsch ist.

Das Verlangen durch Essen getröstet zu werden, steckt tief in unserem emotionalen und biochemischen System. Emotionen und Geschmack sind eng miteinander verknüpft, und diese Verbindung kennen die meisten aus der Kindheit. Süße Lebensmittel wie Schokolade gelten nicht ohne Grund als Trostspender oder Belohnung, sie lösen Wohlgefühle aus, die mit positiven Erfahrungen „von damals" verbunden sind (Belohnung oder Trösten mit Süßigkeiten).

Diese frühen Lernerfahrungen bleiben häufig ein Leben lang bestehen, was erklärt, warum viele Menschen in belastenden Situationen zu Süßem greifen.

Auch biochemisch ist dies erklärbar:

Stress führt nämlich zu einer erhöhten Ausschüttung des Stresshormons Cortisol, das im Körper eine Reihe von Reaktionen auslöst, z. B. ein gesteigertes Verlangen nach kalorienreichen Nahrungsmitteln, die viel Fett und Zucker haben. Solche Lebensmittel werden bei Stress bevorzugt, weil sie kurzfristig dazu beitragen, die Stressreaktion des Körpers zu dämpfen, indem sie im Gehirn die Ausschüttung von Glückshormonen wie Serotonin und Dopamin anstoßen, die uns beruhigen und für ein Wohlgefühl sorgen. Ein stressausgelöstes Feuerwerk an Hormonen.

Trostessen ist also nicht nur eine erlernte Gewohnheit, sondern hat auch eine biologische Grundlage. Es ist eine kurzfristige Strategie, um schwierige Emotionen zu bewältigen oder den Stresslevel zu senken. Langfristig sollte man aber alternative Wege finden, um mit negativen Gefühlen umzugehen, und auch hier bieten sich wieder Bewegung, Achtsamkeit oder das Treffen von Bekannten und Freunden an.

## Darmgesundheit und Psyche (Teil 2)

Lange Zeit galt der Darm lediglich als Verdauungsorgan, aber neuere wissenschaftliche Erkenntnisse zeigen, dass er viel mehr ist und kann als nur zu verdauen, denn man hat herausgefunden, dass der Darm in ständigem Austausch mit dem Gehirn steht und damit maßgeblich die mentale Gesundheit beeinflusst. Diese schlaue Verbindung wird als Darm-Hirn-Achse bezeichnet.

Der (menschliche) Darm verfügt über ein ganz eigenes Nervensystem, (enterisches Nervensystem), das aus Milliarden von Nervenzellen besteht und ständig mit dem zentralen Nervensystem kommuniziert und unter anderem Emotionen, den Stresslevel und das allgemeine Wohlbefinden beeinflusst. Wegen dieser weitreichenden Wechselwirkungen wird der Darm oft als „zweites Gehirn" bezeichnet.

Entscheidend dafür sind die vielen Mikroorganismen im Darm (Mikrobiom; Darmflora). Ist das Mikrobiom zahlreich und gesund, hilft es bei der Produktion wichtiger Hormone, wie z. B. dem „Glückshormon" Serotonin. Wenn man weiß, dass knapp 90 % des körpereigenen Serotonins im Darm produziert werden, blickt man direkt ganz anders darauf und hat einen wunderbaren Grund mehr, dem Darm Gutes zu tun und seine Ernährung darmfreundlich zu gestalten.

Sehr gute Beispiele für die Darm-Hirn-Achse, die fast jeder kennt:

Lampenfieber vor einer Prüfung. Man hat ein flaues Gefühl im Magen, eventuell sogar Bauchschmerzen oder Durchfall, keinen Appetit, geschweige denn Hunger. Obwohl der Bauch nichts „gegessen" hat, reagiert er mitunter sogar stark auf diese Emotionen. Das Gehirn (Angst, Stress) beeinflusst den Darm also unmittelbar.

Und andersherum gibt es z. B. nach einer längeren Einnahme von Antibiotika, die das Mikrobiom stört, Menschen, deren Stimmung eher gedrückt ist, die Konzentrationsprobleme oder sogar depressive Verstimmungen haben, bis der Darm wieder in Ordnung und alles wieder im Gleichgewicht ist.

Um ein gutes und gesundes Mikrobiom zu fördern, helfen probiotische Lebensmittel sehr gut, wie z. B. Joghurt, Kefir oder fermentiertes Gemüse, die zum Wachstum nützlicher Bakterien beitragen, während präbiotische Lebensmittel wie Haferflocken, Bananen oder Zwiebeln als Nahrung für diese Mikroorganismen dienen.

Es gibt zahlreiche wissenschaftliche Studien, die einen Zusammenhang zwischen einem aus dem Gleichgewicht geratenen Mikrobiom und psychischen Erkrankungen wie Angststörungen und Depressionen sehen. Aber auch Entzündungsprozesse spielen eine zentrale Rolle, denn bei einer Ernährung mit vielen stark verarbeiteten Lebensmitteln, viel Zucker und gesättigten Fetten, können Entzündungen im Körper gefördert werden, und diese wiederum beeinflussen die Gehirnfunktion negativ und stehen im Verdacht, depressive Verstimmungen und andere psychische Erkrankungen zu begünstigen.

Eine entzündungshemmende Ernährung kann sehr viele, positive gesundheitliche Effekte haben. Lebensmittel wie frisches Gemüse, Omega-3-Fettsäuren aus Fisch oder Nüssen sowie polyphenolreiche Lebensmittel wie Beeren oder grüner Tee wirken entzündungshemmend und unterstützen das psychische Wohlbefinden.

**Fazit:** Die Verbindung zwischen Darmgesundheit und Psyche verdeutlicht, wie eng körperliches und mentales Wohlbefinden miteinander verbandelt sind. Durch eine gesunde Ernährung, die Förderung einer gesunden Darmflora und die Reduzierung entzündungsfördernder Lebensmittel kann die psychische Gesundheit positiv beeinflusst werden. Ein gesunder Darm trägt wesentlich zu mentaler Gesundheit bei.

# Das manipulative Umfeld

## Die Umgebung isst mit.

Viele kennen bestimmt das Phänomen: An bestimmten Orten mit speziellen Umgebungsreizen isst man oft größere Mengen, ohne es vorher geplant zu haben oder bewusst wahrzunehmen. Im dunklen Kinosaal ist die Popcorn-Tüte in kürzester Zeit leer, und in einem Restaurant mit gedämpftem Licht bestellt man noch den süßen, mächtigen Nachtisch, obwohl der Hunger schon lange befriedigt ist.

Temperatur, Beleuchtung, Farben, Gerüche und Geräusche, all das wirkt und lenkt das Verhalten oft ohne, dass man es bemerkt.

Und dabei beeinflusst die Umgebung nicht nur, was man isst, sondern auch wie viel und wie schnell.

Die Faktoren, die dabei eine Rolle spielen:

**Beleuchtung:** Helles Licht, wie es oft in Fast-Food-Restaurants zu finden ist, fördert schnelles Essen und verringert die Fähigkeit zu genießen, während gedimmtes Licht dazu verleitet, länger sitzen zu bleiben und langsamer zu essen.

> ➤ Dunkelheit ist ein oft übersehener Faktor, der das Essverhalten jedoch nicht unerheblich beeinflusst. In nur mäßig beleuchteten Umgebungen, wie in Kinos oder nur schwach beleuchteten Restaurants sinkt zum einen die Selbstwahrnehmung, zum anderen die Wahrnehmung darüber wie viel man isst. Dunkelheit reduziert die Selbstkontrolle und verstärkt intuitive Verhaltensweisen, wodurch das Gehirn bevorzugt zu energiedichten Lebensmitteln verlangt, die viele Kalorien pro Gramm liefern und nützlich sind, wenn ein erhöhter Energiebedarf besteht oder Gewichtszunahme gewünscht wird.

Und auch der Sättigungsprozess wird oft weniger bewusst wahrgenommen denn wenn die visuelle Kontrolle fehlt und eine behagliche Atmosphäre dominiert, isst man tatsächlich „blind".

**Temperatur:** In kühleren Räumen isst man tendenziell schneller und eher warme, kalorienreiche Speisen, da der Körper nach Energie und Wärme verlangt.

> ➤ Kalte Restaurants können dazu verleiten, mehr zu essen, als eigentlich nötig wäre, denn Kälte aktiviert körpereigene Überlebensmechanismen. Das Gehirn signalisiert dem Körper, dass zusätzliche Energie benötigt wird, um sich aufzuwärmen. Die Folge ist ein verstärkter Appetit auf kalorienreiche Speisen wie Nudeln, deftige Eintöpfe, Brot oder frittierte Gerichte. Dies gilt auch für die Getränkewahl; in warmer Umgebung greift man eher zu leichten, erfrischenden Getränken wie Wasser oder kaltem Tee, in kühlen Räumen vermehrt eher zu warmen, oft zuckerhaltigen Getränken wie heißem Kakao oder Milchkaffee etc.

**Farbe und Design:** Rote und orangefarbene Töne regen den Appetit an; ein Effekt, den viele Fast-Food-Ketten gezielt nutzen. Blau hingegen wirkt beruhigend und kann den Appetit zügeln.

> ➤ Neben Licht und Temperatur spielt auch das Design der Umgebung eine entscheidende Rolle. Die Anordnung von Buffets, also die Positionierung von Lebensmitteln, lässt schon vorher die Tendenz erkennen, wie viel konsumiert wird. Man greift zuerst zu den Speisen, die direkt ins Auge fallen. Werden gesunde Optionen wie Gemüse an den Anfang gestellt, steigt die Wahrscheinlichkeit, dass mehr davon gegessen wird.

**Geräusche:** Bei lauter Musik oder einem hohen Geräuschpegel isst man eher schnell und hektisch, ruhige Klänge dagegen fördern ein bewussteres und langsameres Essen.

> Studien zeigen, dass man in lauter Umgebung schneller, unaufmerksamer und oft auch mehr isst. Ein hoher Geräuschpegel erzeugt innere Unruhe, lenkt vom eigentlichen Sättigungsgefühl ab und animiert dazu, das Essen eher „nebenbei" zu konsumieren.
> Ganz im Gegenteil zu einer Umgebung mit ruhiger und angenehmer Akustik. Leise Musik, oder einfach nur ein stilles Umfeld begünstigen ein achtsames Essverhalten, man nimmt das Essen intensiver wahr, kaut gründlicher und hört bei den ersten Sättigungsanzeichen früher auf. Ganz interessant ist, dass auch das Geschmackserlebnis intensiver wird.
> Der Hintergrund: Laute Geräusche aktivieren das Stresssystem, der Körper schaltet in den „lieber funktionieren statt fühlen"-Modus, während stille oder beruhigende Klänge helfen, zu entschleunigen und bewusster mit dem Essen umzugehen.

## 5 Strategien für ein bewussteres Essen

Die gute Nachricht ist: Man ist den doch recht zahlreichen Manipulationen nicht hilflos ausgeliefert. Das eigene Essverhalten lässt sich mit fünf simplen Mitteln strategisch sinnvoll anpassen:

1. **Tellergröße:** Kleine Teller und Schüsseln helfen, automatisch weniger zu essen, ohne dass es als Einschränkung empfunden wird.
2. **Licht:** Eine bewusste Beleuchtung, nicht zu hell und nicht zu dunkel, schafft eine entspannte, aber aufmerksame Atmosphäre.
3. **Temperatur:** Eine neutrale Raumtemperatur hilft, das Essverhalten weniger von äußeren Reizen beeinflussen zu lassen.

4. **Lebensmittel:** Obst und Gemüse sollten sichtbar und leicht zugänglich sein, während kalorienreiche Snacks außer Sichtweite aufbewahrt werden sollten. (Am besten gar nicht erst kaufen.)
5. **Zeit:** Hektische oder laute Umgebung vermeiden und bewusst ordentlich Zeit für die Mahlzeit einplanen, um langsamer und achtsamer zu essen.

**Fazit:** Die Umgebung hat eine immense, oft unterschätzte und nicht bedachte Macht über das Essverhalten. Mit mehr Achtsamkeit lassen sich die Einflussfaktoren zu eigenen Gunsten nutzen.

Anstatt sich von Licht, Temperatur oder Design unbewusst manipulieren zu lassen, kann man bewusste Entscheidungen treffen, die zu einem gesünderen und genussvolleren Essen führen. Letztlich zählt nicht nur, was auf dem Teller liegt, sondern auch, wo und wie man es genießen kann.

# Fast Food vs. Slow Food

## Essen in einer beschleunigten Welt.

Die Art und Weise, wie Menschen essen, spiegelt die Geschwindigkeit und Prioritäten einer modernen Gesellschaft wider.

Fast Food und Slow Food stehen dabei für zwei unterschiedliche Essens-Philosophien (und letztlich auch für das Leben).

Fast Food steht für Schnelligkeit, Bequemlichkeit und Massenproduktion, Slow Food für das genau Gegenteil: Genuss, Nachhaltigkeit und eine bewusste Ernährung.

### Fast Foods: Schnell, praktisch, problematisch

Fast Food ist schnell und gehört in das Tempo der modernen Welt, wie wir unsere nennen. Die ersten Fast Food Restaurants Anfang des 20. Jahrhunderts waren eine Revolution in der Nahrungsmittelindustrie und sind in ihrer Fülle bis heute nicht mehr wegzudenken.

Die Idee hinter Fast Food war simpel: Es mussten schnelle und günstige Mahlzeiten für die arbeitende Bevölkerung her. Und genauso schnell wurde der Ansatz ein globales Phänomen.

**Merkmale von Fast Food:**
Eine einfache und schnelle Zubereitung, niedrige Kosten, standardisierte Menüs mit vielen Kalorien, Zucker, Fett und Salz.

**Psychologische Auswirkungen:** Durch die schnelle Verfügbarkeit und die Überwürzung / den starken Geschmack von Fast Food wird im Gehirn das Belohnungssystem unmittelbar angesprochen. Studien zeigen, dass der Konsum von Fast Food das Glückshormon Dopamin ausschüttet und eine Art „schnelle Zufriedenheit" erzeugt. (Eine Untersuchung der Macquarie

University in Sydney ergab, dass Probanden, die über acht Tage hinweg eine Ernährung mit hohem Fett- und Zuckergehalt zu sich nahmen, eine signifikante Verschlechterung ihrer Gedächtnisleistung zeigten. Dies deutet darauf hin, dass ungesunde Ernährung das Denkvermögen beeinträchtigen kann, insbesondere bei regelmäßigem Konsum.)


## Slow-Food: Genuss und Achtsamkeit

Slow Food entstand als Gegenbewegung zum Fast Food, wo der Italiener Carlo Petrini in den 1980er-Jahren den Grundstein für eine weltweite Initiative legte.

Die Philosophie von Slow Food setzt im Gegensatz zum Fast Food auf hochwertige Zutaten, regionale Produkte und traditionelle Zubereitungsmethoden mit allgegenwärtigem Respekt vor Lebensmitteln, Landwirten und der Natur. Slow Food ist ein bewusster Umgang mit Essen. Es fördert die Achtsamkeit und schafft dadurch Momente der Entspannung, die in einer hektischen Welt mit Fast Food oft fehlen.

Studien zeigen hier, dass Menschen, die Slow-Food bevorzugen, tendenziell gesünder leben, gesünder sind. Sie nehmen weniger verarbeitete Lebensmittel zu sich und wählen eher eine vielfältige und nährstoffreiche Ernährung.

(Eine Studie des National Institute of Diabetes and Digestive and Kidney Diseases (NIDDK) gezeigt, dass der Verzehr von stark verarbeiteten Lebensmitteln zu einer erhöhten Kalorienaufnahme und Gewichtszunahme führen kann. Teilnehmer, die stark verarbeitete Lebensmittel konsumierten, nahmen durchschnittlich 500 Kalorien mehr pro Tag zu sich als diejenigen, die unverarbeitete Lebensmittel aßen.)

**Fast Food vs. Slow Food**

Die Unterschiede zwischen Fast Food und Slow Food gehen weit über das Essen hinaus; sie spiegeln grundlegende Unterschiede in der Lebensweise wider.

Während Fast Food Zeit spart und meistens nebenbei konsumiert, oft auch schnell nur so etwas wie inhaliert wird, braucht es bei Slow Food viel mehr Zeit und so etwas wie Hingabe. Eine Slow-Food-Mahlzeit wird nicht nur gegessen, sondern mit allen Sinnen erlebt.

Fast Food hat so etwas wie eine globale Einheitskultur geschaffen, während Slow Food die kulturelle Vielfalt in der Küche bewahrt und regionale Identität und Traditionen behält und fördert.

Fast Food symbolisiert Beschleunigung und Kommerzialisierung des Alltags, Slow Food dagegen meint Entschleunigung, Demut und Besinnung auf das Wesentliche.

Man kann sagen, dass die Fast-Food-Industrie das menschliche Bedürfnis nach schnellen Belohnungen und emotionaler Unterstützung perfekt verstanden hat: Fast Food meint nicht nur Lebensmittel, sondern setzt auch psychologisch sehr raffinierte Werkzeuge ein, die auf die menschlichen Schwächen abzielen. Der würzige, intensive Geschmack und die einfache Verfügbarkeit sind dabei nur die Spitze des Eisbergs. Gezielte Marketingstrategien erheben es zu einem emotionalen Anker, auf den in schwierigen Zeiten verlässlich und nahezu überall auf der Welt zurückgegriffen werden kann, und das sogar im Vorbeifahren.

**Slow Food als Mittel gegen Beschleunigung**

Slow Food ist eine schöne Alternative, die man im hektischen Alltag einmal mehr in Betracht ziehen sollte. Der Zweck ist eine Balance in einer schnellen Welt zu finden, in der man mehr auf Genuss und achtsames Essen und das Einbeziehen aller Sinne setzt.

Gemeinsame Mahlzeiten fördern gleichzeitig soziale Bindungen, ein schönes, warmes Gefühl und schaffen mitunter auch wertvolle Erinnerungen.

Ein weiterer wichtiger Aspekt von Slow Food ist die Nachhaltigkeit, es wird großer Wert auf Umweltfreundlichkeit und den Erhalt der biologischen Vielfalt gelegt.

Fühlen Sie nicht auch beim Lesen der Vergleiche beider Philosophien ein wohligeres Gefühl beim Thema Slow Food? Und dennoch wird es wenig gelebt...
Jedoch kann man Slow-Food-Prinzipien immer mal in seinen Alltag integrieren. Statt nämlich Fertiggerichte zu kaufen, verbessert das eigene Zubereiten der Gerichte zu Hause die Ernährung und die Verbindung zu den Lebensmitteln.

Zieht man dazu noch saisonale und regionale Produkte in die Zubereitung mit ein, unterstützt man die lokalen Landwirte und schont die Umwelt.

Um sich schlussendlich Zeit für die Mahlzeiten zu nehmen, sollte man langsam essen und vor allem ohne Ablenkungen und sich die Mahlzeiten voll und ganz konzentrieren.

So kann jeder die Grundsätze von Slow Food in seinen Alltag integrieren und von den positiven Auswirkungen profitieren.

**Fazit:** Fast Food und Slow Food stehen für unterschiedliche Philosophien, haben jedoch beide ihre Berechtigung.

Während Fast Food in einer hektischen Welt schnelle und praktische Lösungen liefert, erinnert Slow Food daran, was wirklich wichtig ist: der Genuss, die Wertschätzung von Lebensmitteln, die Achtsamkeit bei der Zubereitung und die beim Essen.

Jeder kann für sich entscheiden, wie er sein Leben gestalten möchte: schnell und effizient oder bewusst und erfüllt.

# Warum Schokolade wie Liebe schmeckt

Kaum ein anderer Geschmack ruft so schöne, intensive Gefühle hervor wie der von Schokolade. Der erste Bissen kann wie der größte Glücksmoment sein!

Aber warum genau schmeckt Schokolade so „nach Liebe"?

Auch diese Antwort liegt tief in den Gehirnen verborgen und ist ein wahnsinnig faszinierendes Zusammenspiel von Neurochemie, Psychologie und Evolution.

## Das Belohnungssystem als Netzwerk für Lust und Glück

Das Belohnungssystem ist ein faszinierendes Zusammenspiel verschiedener Hirnregionen, das unsere Fähigkeit steuert, überhaupt Freude und Zufriedenheit zu empfinden. Jedes Mal, wenn wir etwas Angenehmes erleben, schüttet das Gehirn eine Belohnung aus in Form einer Dosis Dopamin, dem Glückshormon, das das Wohlbefinden steigert.

Aus evolutionärer Sicht hilft es, uns zu motivieren, essenzielle Dinge wie Nahrung, Fortpflanzung und soziale Bindungen aktiv zu suchen - überlebenswichtige Faktoren für unsere Spezies.

Schokolade, und besonders die mit hohem Zucker- und Fettgehalt, aktiviert dieses Belohnungssystem besonders stark: Der Zucker liefert schnelle Energie, und das Fett gibt dem Körper eine langfristige Kalorienquelle.

Ein Jackpot!

Doch Schokolade ist nicht nur eine Kalorienbombe, sondern auch sonst ein chemisches Feuerwerk für gute Gefühle, mit Substanzen, die direkt auf das Gehirn einwirken:

**Theobromin und Koffein:** Beide stimulieren das zentrale Nervensystem und sorgen für eine leichte, wohltuende Anregung.

**Phenylethylamin (PEA):** Ein Molekül, das mit der Ausschüttung von Endorphinen zu tun hat und den chemischen Prozessen ähnlich ist, die im Gehirn ablaufen, wenn wir verliebt sind. Ja, richtig gelesen!

**Tryptophan:** Eine Aminosäure, die zur Produktion von Serotonin, dem Wohlfühlhormon, beiträgt. Serotonin hebt die Stimmung und mindert Stress, zwei Fliegen mit einer Klappe, und damit ein weiterer Grund, warum wir nach einem Stück, Riegel einer Tafel Schokolade so zufrieden sind.

Schokolade ist Trostspender, bei Liebeskummer, einem frustreichen Tag in der Schule oder im Büro, oder wenn man sich belohnen möchte, fühlt sich der Tag mit einem Riegel Schokolade viel besser an.

Dafür mitverantwortlich ist die schnelle, zuverlässige Wirkung, denn das braune Gold lässt sofort den Blutzuckerspiegel ansteigen, und das gibt dem Körper ein Gefühl von Energie und Kontrolle. Zur gleichen Zeit beruhigen die chemischen Inhaltsstoffe das Gehirn und schwächen negative Emotionen ab. Eine grandiose Kombination!

Und natürlich ist der Umgang mit Schokolade oft kindheitsgeprägt, so dass manch einer noch allzu genau weiß, wie oft er Schokolade als Belohnung für eine gute Schulnote oder das Platzmachen in der Bahn, wenn ein älterer Mensch nach einem Sitzplatz sucht, bekommen hat. Ein erlerntes Verhaltensmuster also, das oft auch im Erwachsenenalter bestehen bleibt.

Schokolade hat auch eine sehr stark soziale Komponente, denn sie ist auf Geburtstagen, an Feiertagen oder als romantische Geste in Form von Pralinen oder ganzen Torten, kaum wegzudenken. Die gemeinsamen Erlebnisse auf solch zuckerreichen Events verstärken die Verbindung zwischen Schokolade und Glück, denn das Gehirn verknüpft positive Emotionen mit gemeinsamen Erfahrungen.

Evolutionär betrachtet könnte der Zusammenhang zwischen Nahrung und Bindung sogar noch tiefer gehen, denn in der frühen

Menschheitsgeschichte waren das Teilen und die Versorgung innerhalb einer Gruppe essenziell für das Überleben aller. Lebensmittel waren ein Symbol für Fürsorge und Liebe, und Schokolade, mit ihrem reichen und luxuriösen Geschmack, verkörpert diesen Gedanken perfekt.

So wundervoll Schokolade auch sein mag, der Verzehr ist natürlich nicht nur positiv! Denn wenn man regelmäßig das Belohnungssystems durch Zucker und Fett aktiviert, gewöhnt man sich doch relativ schnell an das warme Gefühl, mit der Folge, dass mit der Zeit der Bedarf größer wird, weil kleine Mengen nicht mehr ausreichen, um denselben Effekt zu erzielen, ein Prozess, der einer Sucht ähnelt.

Deshalb ist es auch so schwer, nach einem Stück Schokolade aufzuhören, was Studien sogar zeigen: Stark verarbeitete Lebensmittel, zu denen Schokolade eindeutig gehört, stimulieren das Belohnungssystem auf ähnliche Weise wie Drogen. (Eine Untersuchung von Forschern aus den USA, Brasilien und Spanien ergab, dass etwa 14 Prozent der Erwachsenen und 12 Prozent der Kinder Anzeichen einer Abhängigkeit von hochverarbeiteten Lebensmitteln zeigen.)

Das Wissen über die Wirkung von Schokolade kann hervorragend genutzt werden, um den Umgang mit ihr bewusster und ausgewogener zu gestalten. Anstatt sie beiläufig zu essen, sollte man sich bewusst Zeit für den Genuss zu nehmen. Wenn man sich dabei noch auf das Aroma, die Textur und den Geschmack konzentriert, kann man das Verlangen nach größeren Mengen deutlich verringern. Ein achtsamer Umgang mit Schokolade also macht sie zu einem besonderen Moment, statt sie zur schnellen Ablenkung verkommen zu lassen.

Auch die Wahl der richtigen Schokolade kann einen Unterschied machen. Dunkle Schokolade mit einem hohen Kakaoanteil enthält weniger Zucker und Fett, bietet dabei noch einen intensiveren Geschmack und enthält gleichzeitig gesunde Antioxidantien und weniger Kalorien. So kann man den Genuss von Schokolade sowohl geschmacklich als auch gesundheitlich aufwerten.

Ein bewusster Umgang mit den eigenen Emotionen vor dem Griff in die Süßigkeiten-Schublade ist wichtig. Bevor man zur Schokolade greift, sollte man die eigenen Gefühle reflektieren mit Fragen wie: „Bin ich wirklich hungrig oder ist es eher nur Langeweile, Stress oder ähnliches?" So erkennt man leicht die eigentlichen Bedürfnisse und kann alternative Strategien entwickeln, um nicht zu oft bzw. nur beiläufig Schokolade zu essen.

Um der sozialen Komponente dienlich zu werden, indem man sie mit anderen teilt, verbindet man den Genuss mit positiven sozialen Erfahrungen und reduziert gleichzeitig die Menge, die man selbst konsumiert. So schlägt man mehrere Fliegen mit einer Klappe: Man stärkt die Verbindung zu anderen und trägt zu einem maßvollen Genuss bei.

**Fazit:** Schokolade ist nicht nur ein Lebensmittel, sondern auch ein kulturelles und emotionales Symbol, das unser Belohnungssystem auf eine Weise anspricht, die in unserer Biologie verwurzelt ist. Doch wie bei jeder „Liebesgeschichte" ist es wichtig, die Balance zu finden. Schokolade kann trösten, glücklich machen und ein Gefühl von Verbundenheit geben, aber sie sollte – der Gesundheit zuliebe - ein Genussmittel bleiben.

Denn letztlich liegt die wahre Belohnung darin, bewusst mit unserem Körper und unseren Bedürfnissen umzugehen.

# Intuitives Essen

## Dem Bauchgefühl vertrauen lernen.

Viele Menschen haben den gesunden Kontakt zu ihrem natürlichen Essverhalten verloren, verständlich, denn an jeder Ecke, in jeder Zeitschrift und in allen Social-Media-Kanälen wird man noch und nöcher von Diäten, Ernährungstrends und Kalorientabellen malträtiert.

Statt auf den eigenen Körper zu hören, werden äußere Regeln und gesellschaftliche Normen zum persönlichen Maßstab für Entscheidungen. Von außen wird durch Trends, Ernährungsrichtlinien oder soziale Erwartungen vorgegeben, was, wann und wie viel man essen sollte.

Intuitives Essen ist ein Appell, der eigenen Körperintelligenz zu vertrauen, wieder ganz alleine eine Intuition zu spüren, was der Menschheit von Natur aus gegeben ist, aber durch äußere Einflüsse oder eine Smartwatch, leider meist unsichtbar wird.

Dabei lohnt es sich auf sein Bauchgefühl zu vertrauen. Intuitives Essen ist ein guter Weg zurück zu einem gesunden, entspannten und achtsamen Umgang mit Nahrung, also auf die Signale des Körpers zu hören und sie als Devise für sein eigenes Essverhalten zu nutzen. In sich hinein hören und Hunger und Sättigung bewusst wahrnehmen, Emotionen vom Essen loslösen und Lebensmittel nicht zu sehr in „gut" oder „schlecht" kategorisieren.

Intuitives Essen basiert auf zehn Grundprinzipien, die von den Ernährungswissenschaftlerinnen Evelyn Tribole und Elyse Resch entwickelt wurden:

1. **Verabschiede dich von der Diätmentalität:** Lass die Idee los, dass eine bestimmte Diät die Lösung für alle Probleme ist.
2. **Respektiere deinen Hunger:** Nimm die ersten Anzeichen von Hunger wahr und reagiere darauf, bevor du so hungrig wirst, dass du die Kontrolle verlierst.
3. **Schließe Frieden mit dem Essen:** Erlaube dir, alle Lebensmittel zu genießen, ohne Schuldgefühle.
4. **Hinterfrage die „Lebensmittelpolizei":** Lass innere Stimmen los, die dich für deine Essensentscheidungen verurteilen.
5. **Achte auf Sättigung:** Höre während des Essens auf deinen Körper und stoppe, wenn du angenehm satt bist.
6. **Finde Genuss:** Nimm dir Zeit, das Essen wirklich zu schmecken und zu genießen.
7. **Lerne, emotionale Auslöser zu erkennen:** Suche nach Alternativen zum Essen, um mit Emotionen wie Stress, Langeweile oder Traurigkeit umzugehen.
8. **Respektiere deinen Körper:** Akzeptiere deine genetische Veranlagung und setze realistische Erwartungen an deinen Körper.
9. **Bleibe in Bewegung:** Finde Freude an Bewegung, statt dich auf Kalorienverbrauch zu fokussieren.
10. **Ehre deine Gesundheit:** Triff Entscheidungen, die sowohl für deinen Körper als auch für deine Seele gut sind.

Intuitives Essen ist mit vielen positiven Effekten verbunden:

- **Körperbild:** Menschen, die intuitiv essen, akzeptieren ihren Körper eher, ohne unrealistischen Idealen nachzueifern.
- **Gewichtsschwankungen:** Durch ein stabiles Essverhalten ohne restriktive Diäten gibt es keinen Jo-Jo-Effekt.
- **Essstörungen:** Intuitives Essen ist gut, um gesunde Grenzen zu setzen und emotionale Auslöser für unkontrolliertes Essverhalten zu erkennen.

- **Zufriedenheit:** Essen wird nicht mehr als Stressfaktor, sondern als Genuss wahrgenommen.

Wenn man spätestens hier denkt, dass die Rückkehr zu einem natürlichen Essverhalten eine ganz gute Idee ist, sollte man sich einiger Schritte bewusst sein.

Der erste Ansatz besteht darin, die eigenen Körpersignale genauer wahrzunehmen: Wann tritt tatsächlicher Hunger auf, und wann handelt es sich eher um Lust auf ein bestimmtes Lebensmittel? Wie fühlt sich echte Sättigung an, tritt sie eventuell schon vor dem vollständigen Leeren des Tellers ein? (Die Japaner nennen es „Hara Hachi Bu", was meint, dass sie bei einer Sättigung von 80% aufhören zu essen, um ein Wohlgefühl zu behalten und nicht zuzunehmen.)

Die bewusste Reflexion dieser Fragen stärkt das Körperbewusstsein und hilft dabei, die physischen Bedürfnisse von emotionalem Essen zu unterscheiden.

Da ich ein Freund von Ernährungstagebüchern bin, empfehle ich es für das Erkennen der Essmuster auch gern an dieser Stelle. Durch das genaue Festhalten von Esszeiten, den gewählten Nahrungsmitteln und der eigenen Stimmung lassen sich wiederkehrende Zusammenhänge identifizieren, so dass erkennbar wird, ob z. B. Stress oder Langeweile zu unbewusstem Snacken führen, oder ob bestimmte Situationen das Essverhalten steuern.

Ebenso wichtig: das Essen von Emotionen zu entkoppeln. Man greift allzu oft unbewusst zu Nahrung, um mit Stress, Frust oder Langeweile umzugehen, und um diesen Kreislauf zu durchbrechen, sollte man auf alternative Strategien (Bewegung, Entspannungstechniken, kreative Aktivitäten) ausweichen.

Auch die Art des Essens beeinflusst das Essverhalten. Wer während des Essens abgelenkt ist, durch das Handy, den Fernseher, ein Buch oder den Laptop, kann kaum bewusst wahrnehmen, was und wie viel gegessen wird. Daher sollte man sich bewusst Zeit für Mahlzeiten nehmen und sie mit voller Aufmerksamkeit genießen. Der Fokus auf Geschmack, Textur und Geruch der Speisen verbessert nicht nur das Bewusstsein für die eigene Sättigung, sondern steigert auch das Genusserlebnis.

Nicht zuletzt erfordert die Rückkehr zum intuitiven Essen Geduld. Essgewohnheiten, die sich über Jahre hinweg entwickelt haben, lassen sich nicht von heute auf morgen ändern. Die permanente Konfrontation mit Werbung für ungesunde Lebensmittel oder gesellschaftlichem Druck, Diäten zu folgen, kann das Bauchgefühl stark negativ beeinflussen. Genauso lassen sich alte Gewohnheiten, wie das Essen aus Langeweile oder Frust, nicht sofort ablegen.

Der Prozess braucht Zeit, Geduld und Selbst(mit)gefühl, und wenn man das Ziel fest vor Augen hat, schrittweise das Vertrauen in die körpereigene Intuition zurückzugewinnen, ist man auf dem besten Weg.

Jede Mahlzeit bietet die Möglichkeit, neu zu beginnen und den Signalen des Körpers mehr Aufmerksamkeit zu schenken.

**Fazit:** Intuitives Essen bedeutet zurückzukehren zu einer natürlichen und gesunden Beziehung zum Essen und zum eigenen Körper.

Das Ziel ist nicht Perfektion, sondern eine wohltuende Balance zwischen Genuss und Gesundheit – zwischen Kopf und Bauch.

# Die Sprache des Essens

Wenn man die Karte eines Restaurants in Augenschein nimmt und man bei einem Gericht die Bezeichnung „hausgemacht" liest, spürt man doch nahezu schon wohlige Wärme. Meist genügen noch kürzere Vokabeln, wie ein simples „an": „Salat an Himbeerdressing", klingt doch besser und irgendwie edler als „Salat mit Himbeerdressing".

Die verwendete Sprache für das Beschreiben von Lebensmitteln beeinflusst die Wahrnehmung, das Geschmackserlebnis und letztendlich auch das Essverhalten. Worte sind übermächtig und wirken oft unbewusst.

Wissenschaftler haben herausgefunden, dass allein das Hinzufügen von Adjektiven wie „zart", „saftig" oder „aromatisch" die Attraktivität einer Speise erheblich steigern kann.

Sprache adressiert nicht nur den Verstand, sondern auch Emotionen und Fantasie. Wenn man den Namen eines Gerichts sieht, springt die Welt der Kopfbilder an. Je lebhafter und positiver diese Bilder sind, desto größer ist die Wahrscheinlichkeit, dass man sich darauf einlässt, es bestellt, isst und es als schmackhaft empfindet.

Ein weiteres Beispiel für die Macht der Sprache sind Labels wie „Bio", „vegan", „glutenfrei" oder, wie eben beschrieben, „hausgemacht". Diese und ähnliche Begriffe wecken spezielle Assoziationen, die Entscheidungen und Wahrnehmungen lenken.

**Bio-Label:** Studien zeigen, dass Menschen Lebensmittel mit einem Bio-Label oft als gesünder, natürlicher und sogar als geschmacklich besser empfinden, sogar, wenn es sich dabei um identische Produkte handelt.
(Eine Untersuchung der Universität Göttingen ergab, dass Bio-Lebensmittel als deutlich gesünder eingeschätzt werden als konventionelle Produkte. Zudem beeinflussen Prüf- und Gütesiegel die Produktwahrnehmung positiv und erhöhen die Kauf- und Zahlungsbereitschaft der Konsumenten.)

Die Bezeichnungen „Low-Fat" und „Light" suggerieren, dass es sich um besonders gesunde Alternativen handelt, weil sie „fettarm" oder „kalorienreduziert" meinen, wodurch der Eindruck entsteht, eine gute Wahl zu treffen, obwohl diese Produkte in Wirklichkeit häufig weniger sättigend sind und oft mehr Zucker enthalten.

Der Ausdruck „hausgemacht" dagegen ruft Assoziationen von Wärme, Authentizität und Sorgfalt hervor und weckt eventuell sogar Kindheitserinnerungen, obwohl das entsprechende Gericht tatsächlich industriell produziert sein kann. Der Begriff „regional" ruft in unserem Gehirn Bilder von Nähe, Frische und einem ausgeprägten Umweltbewusstsein hervorruft.

Es schadet also nicht zwei Mal über die Beschreibung von Produkten zu lesen und spätestens beim zweiten Mal zu überdenken, ob man dem so Glauben schenken kann oder eher skeptisch sein sollte.

Vor allem Diät-Konzepte setzen Sprache mit Begriffen, die oft mit starken moralischen oder emotionalen Bewertungen aufgeladen sind und eine Schwarz-Weiß-Denkweise entstehen lassen, gezielt ein, um Menschen zu motivieren bzw. zu beeinflussen. Begriffe wie „Clean Eating", „Detox" oder „Cheat Day" erscheinen auf den ersten Blick harmlos, vielleicht sogar motivierend, aber sie können unbewusst ungesunde Denk- und Verhaltensmuster verstärken. „Clean Eating" beispielsweise vermittelt die Idee, dass manche Lebensmittel „sauber" seien, was im Umkehrschluss nur die Vermutung zulässt, dass andere Lebensmittel „schmutzig" sein müssen.

Damit ist der Weg dahingehend geebnet, dass Menschen Lebensmittel nicht mehr nur nach ihrem Nährwert oder Genusswert bewerten, sondern nach einer künstlich angelegten Reinheitskategorie. Wenn es ganz extrem wird und man eine solche Sichtweise zwanghaft in sein Leben implementiert, mündet dies nicht selten in einer gestörten Beziehung zum Essen, wie es bei der sogenannten Orthorexie, also der krankhaften Fixierung auf vermeintlich gesunde Ernährung, der Fall ist.

„Cheat Day" ist ein ähnlich problematischer Begriff, der den Konsum bestimmter Lebensmittel als Regelverstoß definiert. Wer die gesamte Woche diszipliniert nach einem strengen Ernährungsplan vorgeht, „darf" an einem bestimmten Tag, meist wird ein freizeitreicher Tag an einem Wochenende gewählt, über die Stränge schlagen. Dieses Konzept kategorisiert das Essen per se in „gut" und „schlecht", an einem Cheat Day darf man also alles das essen, was man sich sonst verwehrt. Zudem wirkt dieses Essverhalten wie eine Art Belohnungs- und Bestrafungs-System, das langfristig zu Essanfällen oder restriktivem Verhalten führt.

Auch „Detox" wird gezielt genutzt, um die Konsumenten zu beeinflussen. Das Wort suggeriert eine Vergiftung des Körpers, den man regelmäßig reinigen muss, obwohl ein gesunder Körper über Leber, Nieren und Haut natürliche und hervorragend selbständig arbeitende Entgiftungsmechanismen besitzt. Dennoch vermittelt das Wort „Detox" die Idee, dass bestimmte Lebensmittel, Tees oder Kuren notwendig seien, um sich von vermeintlichen Belastungen zu befreien. Dies kann nicht nur zu unnötigen (!), teuren Käufen führen (der Markt für Detox-Produkte im Lebensmittelbereich ist in den letzten Jahren erheblich gewachsen), sondern auch dazu, dass Menschen ihre eigene Körperwahrnehmung verlieren und glauben, ständig externe Maßnahmen ergreifen zu müssen, um „gesund" zu werden.

Man sieht: Die Macht der Sprache im Ernährungsbereich ist enorm und wird sicherlich durch das gestiegene Gesundheitsbewusstsein und das Interesse an „Clean Eating", weiter steigen. Sprache kann motivierend sein, aber auch Druck und Schuldgefühle erzeugen. Gerade deshalb ist es wichtig, sich bewusst zu machen, welche Begriffe in Diät- und Ernährungstrends verwendet werden und welche psychologischen Effekte sie mit sich bringen.

Man kann es nicht oft genug sagen: Ein natürlicher, entspannter Umgang mit Essen setzt voraus, dass man sich von teuren, unnötigen, rigiden

Konzepten und manipulativen Begrifflichkeiten löst und wieder lernt, auf die eigenen Bedürfnisse und Signale des Körpers zu hören.

## Werbung

Kein Wunder, dass die teuersten Agenturen angeheuert werden, wenn es um Werbung geht, denn Werbung ist der Meister der Sprache des Essens. (Die Geschäfte im deutschen Lebensmitteleinzelhandel (LEH) erwirtschafteten im Jahr 2023 einen Nettoumsatz von insgesamt 204,5 Mrd. Euro., Quelle: https://www.ehi.org/presse/lebensmittelhandel-knackt-umsatz-von-200-mrd-euro/)

Jedes Wort, jede Formulierung wird sorgfältig gewählt, um das Unterbewusstsein möglichst schnell und intensiv anzusprechen und zu beeinflussen.

Einige einfache Beispiele:

„Frisch vom Bauern" vermittelt Natürlichkeit, Bio-Qualität, auch wenn das Produkt aus einer Massenproduktion stammt.
„Knusprig" oder „zartschmelzend" sprechen die Sinne an und machen Lust auf das Produkt.

Auch Fast-Food-Ketten nutzen die Macht der Sprache, um Emotionen zu wecken. „King Size", „XXL-Burger" oder „Family Meal" stampfen mit einem Mal das Gefühl von Großzügigkeit, Geselligkeit und Gemeinschaft aus dem Boden.

Machtvolle Wort kann man natürlich auch positiv nutzen, um das eigene Essverhalten zu verbessern:

**Betonung:** Für die Steigerung der Wertschätzung positive Eigenschaften wie „knackig", „frisch" oder „saisonal" nutzen.

**Neutralisieren:** Wörter wie „verboten" oder „sündig" vermeiden, um keine Schuldgefühle zu erzeugen.

**Motivieren:** Anstatt: „Ich darf keine Schokolade essen", besser positiv formulieren: „Ich wähle heute einen frischen Obstsalat." sagen.

**Fazit:** Worte machen den Unterschied.

Die Sprache des Essens beeinflusst so vieles: unser Verhalten, unseren Geschmack und unsere Entscheidungen, und das in einem Maß, dessen wir uns nicht bewusst sind. Sprache kann inspirieren, verführen, manipulieren, und wenn wir das verstanden haben, können wir bewusster mit den Mechanismen umgehen und sie nutzen, um eine positive und gesunde Beziehung zum Essen zu fördern.

Worte sind ein mächtiges Werkzeug. Man sollte achtsam über Essen sprechen, ob sich selbst gegenüber oder gegenüber anderen. Denn wie wir über Nahrung denken und sprechen, bestimmt oft, wie wir sie wahrnehmen und genießen.

# Mythos Willenskraft

## Disziplin allein reicht nicht.

„Wenn ich mehr Disziplin hätte, würde ich alles schaffen."

Diesen oder einen ähnlichen Satz kennen sicherlich viele, wenn es darum geht, mehr Sport zu machen, Gewicht zu verlieren, gesünder zu essen oder alte Gewohnheiten abzulegen, es scheint so, als hinge der Erfolg allein von unserer Willenskraft ab.

Erkenntnisse aus der Psychologie und Neurowissenschaft zeigen aber, dass Disziplin zwar wichtig ist, aber nicht der alleinige Schlüssel zum Erfolg, denn Verhalten wird von viel mehr Faktoren beeinflusst, als man denkt. (z. B. Die Studie von Schmidt et al. (2009), die untersuchte, wie positive und negative emotionale Erregung die Motivation beeinflusst. Die Ergebnisse zeigten, dass sowohl positive als auch negative emotionale Reize die physische Anstrengungsbereitschaft erhöhen können, was darauf hindeutet, dass Emotionen eine wesentliche Rolle bei der Verhaltenssteuerung spielen.)

### Die Endlichkeit der Willenskraft

Die Vorstellung, dass Willenskraft unerschöpflich ist, entspricht nicht der Realität. Studien zeigen, dass Selbstkontrolle wie ein Muskel funktioniert, trainiert, aber auch erschöpft werden kann.

Dieses als „Ego-Depletion" bekannte Phänomen beschreibt, wie die Fähigkeit zur Selbstkontrolle nach anstrengenden mentalen oder emotionalen Herausforderungen abnimmt. (Studie, Quelle: https://pmc.ncbi.nlm.nih.gov/articles/PMC6013521/)

Das werden die meisten aber auch schon am eigenen Leib erfahren haben bzw. kennen: Musste man sich während des langen Bürotages mit vielen Entscheidungen auseinandersetzen, fällt es sicherlich abends zuhause nicht leicht gesunde Essensentscheidungen zu treffen. Der mentale Akku ist aufgebraucht, und man greift dann doch eher zu bequemen Optionen wie Fast Food oder Süßigkeiten. Und das hat nichts mit mangelnder Disziplin zu tun, sondern mit der natürlichen Begrenztheit der Willenskraft.

Noch schneller begrenzt ist die Willenskraft bei attraktiven äußeren Einflüssen, die das Verhalten mit subtilen Reizen lenken, wie die Schönheit eines Produkts oder dessen Darstellung in Supermärkten, das Servieren der Speisen in Restaurants und sogar die eigene schön eingerichtete Küche zuhause:

**Verpackungen und Werbung:** Attraktive Designs und Werbeslogans wecken auch ohne Hunger ein Verlangen.
**Portionsgrößen:** Große Teller, Schüsseln oder Verpackungen verleiten dazu, mehr zu essen, als man möchte.
**Platzierung von Lebensmitteln:** Snacks an der Kasse oder in Augenhöhe im Regal machen es schwer, zu widerstehen.

Selbst mit der besten Willenskraft ist es fast unmöglich, diesen ständigen Verlockungen zu widerstehen, wenn man ihnen pausenlos ausgesetzt ist.


## Emotionen als Auslöser

Es gibt viele Momente, in denen Menschen nicht aus physischem Hunger essen, sondern, wie schon in den letzten Seiten beschrieben, um mit Emotionen umzugehen. Da das Thema Emotionen auch beim Thema Willenskraft herangezogen werde muss, tu ich dies nun im Folgenden.

Alle möglichen Gefühle können das Essverhalten stark beeinflussen und zu einer tief verwurzelten emotionalen Verknüpfung mit Nahrung führen. Da stößt die beste Willenskraft schnell an ihre Grenzen und reicht nicht aus, um emotionale Auslöser zu überwinden, denn das Essverhalten ist zu tief im Belohnungssystem des Gehirns verankert.

Aber aus diesem Kreislauf kann man ausbrechen, man muss nur die eigentlichen Ursachen für das emotionale Essen erkennen und alternative Strategien entwickeln, um mit Gefühlen umzugehen.

Und wenn einmal die Gewohnheiten Platz genommen haben, hat es hier die Willenskraft wahnsinnig schwer, um die auslösenden Muster zu durchbrechen. Auch hier heißt es: Gewohnheiten erkennen und durch neue Routinen ersetzen.

## Disziplin wird überschätzt

Die Betonung von Willenskraft und Disziplin als alleinige Lösung und Retter in der Not kann problematisch sein. Zum einen können sehr schnell Schuldzuweisungen entstehen, denn wer an einer Aufgabe scheitert, fühlt sich schnell als Versager, obwohl das Problem oft nicht in der eigenen Person, sondern in systematischen Faktoren liegt, wie gesellschaftliche Normen und Erwartungen, strukturelle Rahmenbedingungen (Arbeitszeit, Lebensstil, Einkommen, Bildung), Werbung, emotionale Belastungen.

Und wer sehr großen Wert auf Disziplin legt und seinen Fokus zu häufig allein darauflegt, kennt die anschließende Ungeduld mit Sicherheit auch, denn Veränderungen, die nur auf Willenskraft basieren, sind meist nur kurzfristig: Wenn die gewünschten Erfolge ausbleiben, entsteht Frust, der die Motivation weiter schwächt. Daher ist das Entwickeln von langfristig funktionsfähigen Strategien viel hilfreicher, als auf die reine Willenskraft zu setzen:

## Gestaltung der Umgebung:

- Gesunde Snacks wie Obst und Nüsse sollten immer sichtbar und griffbereit sein.

- Verlockende, ungesunde Lebensmittel besser aus dem direkten Umfeld verbannen.

## Automatisierung von Entscheidungen:

- Mahlzeiten im Voraus planen, damit spontane und ungesunde Entscheidungen verhindert werden können.
- Eine feste Anzahl an Mahlzeiten wirkt gegen unkontrolliertes Snacken.

## Achtsamkeit üben:

- Bewusst auf Hunger und Sättigung achten.
- Langsam und ohne Ablenkung essen, für größtmöglichen Genuss.

## Emotionen reflektieren:

- Tagebuch führen, um emotionale Auslöser zu erkennen.
- Alternative Strategien einbeziehen, um mit Stress oder Langeweile umzugehen, z. B. Bewegung, Meditation, Hobbys.

## Geduld mit dir selbst:

- Veränderung braucht Zeit. Kleine, nachhaltige Schritte sind effektiver als radikale Ansätze.

**Fazit:** Selbstmitgefühl statt Perfektion.

Willenskraft ist nur ein kleiner Teil des Puzzles. Viel wichtiger sind Mitgefühl und Verständnis mit und für sich zu haben. Anstatt sich für vermeintliches Versagen zu verurteilen, sollte man daraus einen Lernmoment gestalten.

Der Weg zu einem gesunden Essverhalten ist eine hübsche, lohnende Reise mit Höhen und Tiefen. Mit der richtigen Kombination aus Achtsamkeit, Umgebungsanpassung und Geduld kann man nachhaltige Veränderungen erreichen, ganz ohne den Mythos, dass Disziplin alles ist.

# Social Media: Zwischen Food-Trends und Essensdruck

Ein leidiges Thema, aber genau deshalb gehört es in die Aufklärung und in dieses Buch.

Nicht nur das unachtsame Essen mit dem ständigen Blick auf das Handy oder den PC beeinflusst das Essverhalten, sondern auch die sozialen Medien, und das sogar enorm! Ob es Food-Trends sind mit den „What I Eat in a Day" - Videos oder das Streben nach Perfektion, man muss auf den einschlägigen Kanälen einmal mehr vorsichtig sein!

## Food-Trends und Essensdruck

In einer Zeit, in der die sozialen Medien den Alltag maßgeblich prägen, hat sich auch das Essverhalten total verändert. Instagram, TikTok, Facebook und Pinterest haben „Food" längst auf den kaiserlichen Thron eines erstrebenswerten Lifestyles erhoben.

Bilder von schillernden Ei-Avocado-Toasts, glutenfreien „Zwei-Zutaten-Brownies" oder glänzenden, proteinreichen Smoothie-Bowls bestimmen die Reels und Feeds von Millionen von Menschen weltweit. Jedoch bringt diese digitale Esskultur nicht nur Inspiration, sondern auch echte Herausforderungen mit sich.

## Die Macht der Food-Trends auf Social Media

Es ist nicht von der Hand zu weisen: Social Media hat eine wahre Welle an Food-Trends ausgelöst. Ob man von „Clean Eating" spricht oder „High-Protein-Food" oder über die Nutzung und Verwertung von exotischen

Zutaten wie Matcha, Moringa oder Açai, die Bandbreite ist riesig und verspricht Millionen Follower.

Trendsetter und Influencer haben eine umwerfende Macht, weil sie nicht nur Produkte, sondern gleichzeitig auch Lebensstile bewerben, wenn sie sowohl bestimmte Marken vorstellen als auch neue Ernährungsweisen verbreiten, und die Viralität von Rezepten zeigt, wie ein einfaches Gericht durch die richtige, hoch qualitative Inszenierung auf Plattformen wie Instagram und TikTok Millionen von Menschen erreicht und sich global durchsetzen kann, wie beispielsweise die gebackene Feta-Pasta.

Besonders die optische Inszenierung von Mahlzeiten prägt die sozialen Medien mit makellosen, gestochen scharfen High Quality Bildern von perfekt angerichteten, gesundheitlich nicht zu überbietenden Gerichten mit hohen ästhetischen Standards, die fatale, nicht zu unterschätzende psychologische Auswirkungen zur Folge haben kann.

Allein die Erschaffung des ästhetischen, viel genutzten Superlativs „Food Porn" ist aus Marketingperspektive ein genialer Schachzug. Solche Bilder mit diesem Hashtag wecken Erwartungen, die im Alltag oft versucht werden zu kopieren, aber schwer zu erfüllen sind, was, man kann es erahnen, nicht selten zu Frustration führt.

Die ständige Konfrontation mit scheinbar perfekten Mahlzeiten und Körpern führt bei vielen Menschen zu einem Gefühl der Unzulänglichkeit und Minderwertigkeit, es ist eher ein Trend von negativer Selbstwahrnehmung als von der Fähigkeit die tollsten Trends einfach kopieren zu können, und dieser Hype führt mittlerweile nicht selten dazu, in einer psychischen Störung zu enden und sich zwanghaft gesund ernähren zu müssen (Orthorexie).
Und das ist nicht die Spitze des Eisbergs: Eine Meta-Analyse von 20 Studien (2022) zeigt, dass häufige Social Media-Nutzung mit einem höheren Risiko für allgemein gestörtes Essverhalten zusammenhängt (z. B. restriktives Essen, Binge-Eating), und hier sind junge Frauen und Mädchen, die Instagram, TikTok oder Pinterest intensiv nutzen, besonders betroffen.

Beispielhafte, erschreckende Zahlen:

Eine von drei Teenagerinnen in den USA fühlt sich mit ihrem Körper nach der Nutzung von Instagram schlechter als vorher (Facebook interne Studie, 2021, geleakt durch Whistleblowerin Frances Haugen).

59 % der jungen Erwachsenen berichten, sich nach dem Konsum von Fitness- oder Diät-Content auf Social Media unter Druck zu fühlen, ihre Ernährung umzustellen (UK Mental Health Foundation, 2020).

Eine deutsche Studie (BAZ, 2023) fand heraus, dass sich bei 28 % der 14- bis 17-Jährigen die Beziehung zu Essen durch Social Media negativ verändert hat.

Social Media verstärkt also allzu oft unrealistische Schönheitsideale, die an restriktive Diäten oder exzessiver Selbstkontrolle gekoppelt sind. Hashtags wie #CleanEating oder #Thinspiration lassen Essen nicht mehr als Genussmittel dastehen, sondern als Mittel zur mitunter kranken Selbstoptimierung.

Für Menschen, die mit Essstörungen oder einem gestörten Essverhalten aufwachsen, können diese Inhalte eine wahnsinnige Mehrbelastung sein, weil die bereits bestehenden Probleme eher verstärkt werden und die Inhalte einen Vergleich mit unerreichbaren Modellen bzw. Idealen fördern.

Besondere Auswirkungen können die sozialen Medien auf die jungen Menschen haben, die sich in der Welt noch ihren Platz suchen, die vielleicht noch etwas labiler sind und nicht genau wissen, wo sie in der Welt hingehören, die sich noch Fragen über ihre Rollen stellen, die noch nicht das größte Selbstbewusstsein haben und sich sogar eher nicht mehr als durchschnittlich empfinden.

Dann kann zu viel Aufenthalt in Social-Media-Kanälen, das Schauen durch ein Fenster, das in der Regel immer nur das Beste preisgibt, gefährlich werden, weil sie dort in der Regel doch sehr viele erfolgreiche Menschen sehen, die zu ihrem Erfolg natürlich ausnahmslos immer großartig aussehen, und das wirkt negativ auf die Psyche.

Der Mensch vergleicht sich nun mal immer gerne, und nicht unwahr ist das Zitat des dänischen Philosophen Søren Kierkegaard: Der Vergleich ist des Glückes tot.

Social Media hat aber auch positive Aspekte, die ich nicht unerwähnt lassen möchte, und die sogar das Essverhalten bereichern können:

Durch Die Menge an Rezepten und Ideen bekommt man neue Möglichkeiten geboten, die eigene Ernährung abwechslungsreicher zu gestalten und mal Neues auszuprobieren. Und es gibt ja auch nicht nur schwarze Schafe, viele Accounts vermitteln fundiertes Wissen über Ernährung, Gesundheit, gesunden Lebensstil und Nachhaltigkeit.

Und: Im Netz kann man recht leicht Gleichgesinnte zur Unterstützung seiner Ernährungsform finden und Gruppen mit der gleichen Zielvorgabe finden (z. B. für vegane Ernährung).

## Social Media sinnvoll nutzen

Um die Vorteile von Social Media zu nutzen, ohne den negativen Einflüssen zu erliegen, finde ich, ist folgendes hilfreich:

1. **Bewusster konsumieren:** Nur inspirierenden Accounts folgen und bei der Wahl dabei auf fundierte und positive Inhalte setzen.
2. **Grenzen setzen:** Die Nutzung zeitlich begrenzen, das verhindert Überlastung und Überforderung.
3. **Kritisches Denken:** Vermeintliche Gesundheitsversprechen und gehypte Trends hinterfragen, bevor man sie übernimmt.

4. **Echte Momente teilen:** Wenn man selbst einen Beitrag postet, gehören dazu auch unschöne, unperfekte Mahlzeiten, was den ehrlicheren, authentischeren Umgang mit Ernährung unterstützt.

**Fazit:** Zwischen Inspiration und Druck.

Social Media hat die Art und Weise, wie wir Essen wahrnehmen und erleben, auf ein neues Niveau gehoben, sogar revolutioniert.

Es bietet unendliche Möglichkeiten zur Inspiration und Bildung, birgt aber auch Gefahren wie Perfektionsdruck und unrealistische Ideale. Ein bewusster Umgang mit dieser digitalen Welt ist wichtig, um die positiven Aspekte herauszustellen und die negativen Auswirkungen zu minimieren. Denn Essen sollte nicht ein weiterer Grund für Stress sein.

# Der Einfluss der Gesellschaft

## Essen ohne Lust.

Essen ist sowohl ein Grundbedürfnis des Menschen als auch eine der schönsten Dinge des Lebens. Allein die Düfte, die mit dem Essen einhergehen, der Duft eines frisch gebackenen Brotes, das Brutzeln eines Steaks oder Gemüse in der Pfanne, der erste Biss in ein reifes, saftiges Stück Obst sind kleine Erlebnisse, die die Sinne beleben und Genusserlebnis schenken.

Manchmal kann man jedoch das Gefühl haben, dass der ursprüngliche Spaß am Essen immer mehr verloren geht, denn gegessen wird eher „funktional", und zwar schnell, nebenbei und ohne wirkliches Bewusstsein.

### Vom Genuss zur gesellschaftlichen Pflicht

Früher war das gemeinsame Essen ein festes Ritual, das Familien regelmäßig zusammenbrachte und verband. Es ging nicht nur darum, den Hunger zu stillen, sondern auch um wenigstens einmal am Tag zusammenzusitzen.

In der hektischeren Welt heute hat sich dieses Bild gewandelt:

Zeitdruck und Multitasking prägen den Essalltag zunehmend: Viele Menschen essen heute gehetzt, weil der nächste Termin ansteht oder der Schreibtisch überquillt. Nicht selten wird im Gehen gegessen oder schnell zwischen zwei Aufgaben am Bildschirm. Gleichzeitig ist Multitasking zur Norm geworden: Man isst, während man arbeitet, fernsieht oder auf dem Handy scrollt. In dieser Kombination aus Eile und Ablenkung wird das Essen zur Nebensache, das bewusste Erleben des Moments geht verloren.

Die Folge ist unachtsames Essen ohne das Bewusstsein für den Geschmack und den eigenen Sättigungspunkt.

Hinzu kommt die eher fragwürdige Qualität der Produkte, denn die Standardisierung durch die Lebensmittelindustrie mit Produkten, die zwar schnell verfügbar sind, aber oft wenig mit den ursprünglichen Aromen und der Vielfalt traditioneller Küche zu tun haben, sind der Gesundheit nicht zuträglich, sondern befriedigen nur für den Moment und machen satt.


## Die verlorene Verbindung zum eigenen Körper

Ein bedeutender gesellschaftlicher Einfluss auf das Essverhalten ist die Entfremdung der natürlichen Körpersignale wie Hunger, Sättigung, Lust und Appetit.
Äußere Regeln und Normen überlagern die eigenen Empfindungen, so dass z. B. feste Essenszeiten eine große Rolle spielen, die oft unabhängig vom tatsächlichen Hunger eingehalten werden.
Nur noch selten isst man, weil der Körper Nahrung verlangt, sondern weil „es Zeit dafür ist", im Büro beispielsweise. Oder in Familien, wo traditionell schon immer um Punkt 12 Uhr gegessen wurde.

Auch die Wahrnehmung der Portionsgrößen wird stark von außen geprägt, nämlich durch die Lebensmittelindustrie (und Gastronomie).
Was als „normal" gilt, wird selten hinterfragt, man isst eine viel zu große Portion oft vollständig, einfach weil sie so serviert wird, auch wenn der Sättigungspunkt schon längst überschritten ist.

Darüber hinaus lassen Diäten und Verbote die natürlichen Vorlieben und Bedürfnisse erblassen. Starre Verbote und Regeln bringen meist nur Frustration und Heißhunger mit sich, was die Verbindung zum eigenen Körper zusätzlich negativ beeinflusst.

Medien spielen eine enorme Rolle dabei, wie man Essen wahrnimmt und bewertet, ähnlich wie in den sozialen Medien. Bilder von perfekt inszenierten Mahlzeiten oder schlanken Menschen beeinflussen die Einstellung zum Essen und zum Körper:

Die ständige Konfrontation mit perfekten Mahlzeiten und makellosen Körpern verstärkt den Druck, selbst „perfekt" sein zu müssen. Das Ergebnis ist ein gestörtes Verhältnis zum Essen.
Werbung spielt mit Emotionen und schafft Assoziationen wie „Schokolade ist Liebe" oder „Chips bedeuten Spaß".

Hier lohnt ein kleiner Umweg über das Thema

**Marketing und Werbung**.

„Weil du es dir wert bist.", „So schmeckt der Sommer.", „Niemand kann nur eins essen."

Wer hat diese Slogans noch nie gehört?! Sie klingen harmlos, freundlich, hier und da sogar fürsorglich. Und genau darin liegt ihre Macht.

Werbung ist weit mehr als bunte Bilder und nette Sprüche, sie ist Psychologie in Bestform und trifft den Konsumenten genau da, wo er am verwundbarsten ist: im Reich der Emotionen, Gewohnheiten und Bedürfnissen.

Die Werber wissen genau, was der Konsument fühlen möchte: Geborgenheit, Freiheit, Genuss, Belohnung, und genau deshalb werden diese Gefühle geschickt in Produkte verpackt. Besonders in der Lebensmittelindustrie ist diese emotionale Aufladung entscheidend, denn dort geht es nicht nur um Geschmack, sondern um das Erleben, um Erinnerungen und soziale Zugehörigkeit.

Beispiele:

Ein Schokoriegel findet sich in Szenen aus glücklichen Kindertagen wieder. Die Botschaft: *„Iss mich und fühl´ dich wie damals."* - Kindheit und Nostalgie.

Ein simples Mineralwasser ist kein einfaches Getränk, sondern der Inbegriff eines aktiven, bewussten Lebensstils. Die Botschaft: *„Trink mich, und du bist dabei."* - Lifestyle und Status.

Bestens gelaunte, meist auch gutaussehende Menschen inmitten vieler Freunde beim gemeinsamen Snacken. Botschaft: *„Kauf mich, und du gehörst gut gelaunt dazu."* - Soziale Bindung.

Gut gemachte Slogans sind wie kleine Ohrwürmer, die durch die Wiederholungen, die Reime und Rhythmen nicht nur schnell dafür sorgen, dass sie im Gedächtnis bleiben, sie suggerieren meistens auch Wert und Wahrheit. Wenn ein Produkt „gut für dich" ist, klingt das erstmal plausibel, ob es wirklich so ist, wird selten hinterfragt.

**Wenn Gefühle einkaufen gehen**

Auch wenn man davon überzeugt ist, beim Einkaufen im Supermarkt immer selbst zu entscheiden, was nachher auf dem Band an der Kasse landet, ist man auf dem Irrweg. Vieles entscheidet sich unbewusst. Eine Studie zeigte, dass Menschen, die einen Werbespot mit einem fröhlichen Lied gesehen hatten, eher zu dem Produkt griffen, selbst wenn es schlechter bewertet war als andere.

Man kann sich kaum dagegen wehren, das Belohnungssystem im Gehirn reagiert auf Versprechen von Genuss und nicht nur auf den tatsächlichen Geschmack, und das bedeutet, dass schon die Vorstellung von Schokolade (ausgelöst durch Werbung) ein Wohlgefühl kreiert.

Ein besonders kritischer Punkt ist das „Healthwashing". Produkte, die kaum gesünder sind als andere, werden mit Begriffen wie „leicht", „aktiv" oder „ausgewogen" beworben, sie werden reingewaschen, und lassen einen glauben, man täte sich etwas Gutes. Dabei ist der Nährwert oft kaum besser als bei der vermeintlich „ungesunden" Alternative.

Werbung arbeitet also genau gegen das Bauchgefühl und möchte stattdessen, dass man sich durch gut inszenierte Bilder und Worte (ver-) leiten lässt. Je bewusster man das erkennt, desto freier kann man wirklich entscheiden. Klug essen heißt auch: sich nicht verführen zu lassen.

Doch zurück zur ständigen Konfrontation mit perfekten Mahlzeiten und makellosen Körpern und dem dadurch verstärkten Druck, selbst „perfekt" sein zu müssen:

## Der Weg zum genussvollen Essen

Um dem gesellschaftlichen Einfluss zu entkommen und die Freude am Essen zurückzugewinnen, helfen die folgenden Tipps:

1. **Achtsamkeit üben:**
   - Zeit nehmen für die Mahlzeiten, ohne Ablenkung durch Handy, Fernsehen oder Arbeit.
   - Auf den Geschmack konzentrieren, die Textur und den Duft.
2. **Eigene Bedürfnisse erkennen:**
   - Auf den Körper hören, also nur bei Hunger essen und aufhören, wenn er gestillt ist.
   - Auch mal ohne Schuldgefühl das essen, worauf man (mit Hunger) Lust hat.
3. **Gesellschaftliche Normen hinterfragen:**
   - Trends oder Diäten nicht so viel beachten, sondern herausfinden, was guttut.
   - Genuss und Gesundheit sind per se kein Widerspruch.
4. **Gemeinsam essen:**
   - Tradition des gemeinsamen Essens mit Familie oder Freunden pflegen, denn das schafft Verbundenheit und macht Essen wieder zu einem positiven Erlebnis.
5. **Medien kritisch betrachten:**
   - Nicht von unrealistischen Bildern beeinflussen lassen, Perfektion ist nicht das Ziel.

**Fazit:** Essen mit Lust statt Funktion.

Die gesellschaftlichen Einflüsse auf unser Essverhalten sind stark, aber sie sind nicht unveränderlich. Wir können uns bewusst dafür entscheiden, die Freude am Essen wieder in den Mittelpunkt zu stellen, denn Essen ist mehr als bloße Nahrungsaufnahme, es ist ein sinnliches, emotionales und verbindendes Erlebnis. Indem wir uns von äußeren Zwängen lossagen und auf die eigenen Bedürfnisse hören, können wir den Genuss zurückgewinnen und gleichzeitig gesünder leben.

# Iss klug – (M)ein Plan für den Alltag

Ich hätte nie dieses zweite Buch angefangen, das im Übrigen mit vielen Themen, wie z. B. Gewohnheit ein sehr schöner Aufbau meines ersten Buches ist („Iss klug!... und mach´s doch mal wie die Tiere"), wenn ich nicht am Ende auch einige Tipps parat hätte.

Unsere Ernährung ist das Fundament für unsere Gesundheit, unser Wohlbefinden und unsere Leistungsfähigkeit, jedoch bleibt bei vielen im hektischen Alltag oft wenig Zeit, um bewusst zu essen.

Fast Food, Snacks im Vorbeigehen, Kaffee beim Laufen und unregelmäßige Mahlzeiten werden schon fast zur Norm.

Ich möchte zeigen, dass man recht einfach die Prinzipien einer klugen Ernährung in das tägliche Leben integrieren kann, ohne dass es zu kompliziert und anstrengend wird.

Dafür empfehle ich auf den folgenden Seiten konkrete Strategien, um wieder bewusst, genussvoll und gesund zu essen.

# 1. Bewusstsein schaffen: Mein erster Schritt zum „klugen Essen"

Bevor man den Alltag umstellt, sollte man seine aktuellen Gewohnheiten hinterfragen. Hilfreich dabei können die folgenden Fragen sein:

- Wann und warum greife ich zu bestimmten Lebensmitteln?
- Esse ich oft aus Langeweile, Stress oder einfach, weil es gerade verfügbar ist?
- Wie fühle ich mich nach dem Essen, sowohl körperlich als auch emotional?

Das Ziel ist, ein Bewusstsein für sein Essverhalten zu entwickeln, denn nur so kann man gezielt Veränderungen vornehmen.

# 2. Der kluge Essensplan: Einfache Prinzipien für den Alltag

Ein guter Ernährungsplan sollte flexibel und individuell sein. Am besten legt man ihn sich mit den folgenden, grundlegenden Bausteinen an:

## a) Frühstück

Ein gesundes, ausgewogenes Frühstück soll Energie für den Tag liefern und kann spätere Heißhungerattacken vorbeugen. Wenn man komplexe Kohlenhydrate (z. B. Haferflocken), mit Proteinen (z. B. Joghurt oder Eier) und gesunden Fetten (z. B. Nüsse oder Avocado) kombiniert, ist man schon für eine ganze Weile ordentlich satt.

## b) Regelmäßige Mahlzeiten

Am besten sind drei Hauptmahlzeiten (und nur wenn absolut nötig, zwei Snacks). Das hilft, den Blutzuckerspiegel stabil zu halten und unkontrolliertes Naschen zwischendurch zu vermeiden. Gute Snacks sind Nüsse und Obst.

### c) Mahlzeiten vorbereiten

Eine der effektivsten Strategien für gesunde Ernährung im Alltag ist das Vorbereiten von Mahlzeiten, auch „Meal Prep" (Meal Preparation) genannt. Das spart nicht nur Zeit, sondern reduziert auch die Versuchung, auf ungesunde Alternativen zurückzugreifen, da man sich in der Vorbereitung in Ruhe gut überlegen kann, welche Lebensmittel man verwertet.

### d) Portionsgröße

Kleinere Teller helfen, um die Portionen besser zu kontrollieren.

### e) Balance

Eine kluge Mahlzeit besteht aus:

- **½ Teller Ballaststoffe und Vitamine:** Gemüse oder Salat.
- **¼ Teller Proteine:** Fisch, Hühnchen, Hülsenfrüchte oder Tofu.
- **¼ Teller Kohlenhydrate:** Vollkornprodukte oder Kartoffeln.

### 3. Achtsamkeit

„Kluge Esser" hören in sich hinein, hören auf ihren Körper und lassen sich nicht von äußeren Einflüssen beeinflussen. Achtsamkeit beim Essen hilft, wieder auf sein Bauchgefühl zu hören und zu vertrauen.

### Tipps für achtsames Essen:

- Langsam essen und bewusst kauen.
- Auf Aromen und Texturen des Essens achten
- Während dem keine Ablenkung technischer Art zulassen.

## 4. Strategien für schwierige Momente

Natürlich funktioniert selbst der beste Plan nicht immer durchweg. Es gibt Tage, an denen der Stress überhandnimmt oder die Versuchung einfach zu groß ist.

Glücklicherweise gibt es auch dafür Strategien, so dass man schnell wieder auf den eingeschlagenen Weg kommen kann:

- **Gesunde Snacks griffbereit haben:** Obst, Nüsse oder Gemüsesticks mit Dip bereitstehen haben, um ungesunde Snacks zu vermeiden.
- **Ausreichend trinken:** Oft wird Durst mit Hunger verwechselt. Ein Glas Wasser mit Kohlensäure kann da helfen, um genau zu differenzieren.
- **Bewusstes Gönnen:** Verbote führen oft zu Heißhunger. Also sollte man sich ab und an bewusst kleine Genüsse erlauben, wie ein Stück Schokolade oder ein Lieblingsdessert.

## 5. Wochenstruktur

Ein Wochenplan hilft sehr gut schon vorab die Mahlzeiten der kommenden Tage im Blick der zu haben, so kann der Plan z. B. wie folgt aussehen:

### Montag bis Freitag:

- Frühstück: Zuckerfreies Müsli mit Obst und Nüssen
- Mittagessen: Quinoa-Salat mit Gemüse und Feta.
- Snack: Eine Handvoll Nüsse und ein Apfel oder eine Banane.
- Abendessen: Leichte Suppe oder Ofengemüse mit einem Joghurt-Dip.

**Wochenende:**

- Frühstück: Frisches Brot mit Avocado und Ei oder Pancakes mit dunklen Beeren.
- Mittagessen: Auswärts essen oder gemeinsam etwas kochen.
- Snack: Selbstgemachte Energy Balls. (Rezepte im Netz)
- Abendessen: Fisch mit Gemüse oder eine selbstgemachte Gemüse-Pizza.

## 6. Der kluge Umgang mit Ausnahmen

Essen soll nicht nur gesund sein, sondern auch Spaß machen. Geburtstage, Feiertage oder ein Abend mit Freunden gehören zum Leben dazu, und auch hier gilt: Genießen ohne Reue.

Entscheidend ist die Balance, nicht jede Mahlzeit muss „perfekt" sein, solange die Gesamtrichtung stimmt.

„Iss klug!" bedeutet alles andere als völlig starr irgendwelchen Regeln zu folgen, sondern bewusst Entscheidungen zu treffen, die dem Körper (und Geist) guttun.

Mit kleinen, alltagstauglichen Schritten kann jeder nicht nur gesünder leben, sondern auch den Spaß am Essen wiedererlernen.

Der kluge Essensplan ist kein starres Konzept, sondern soll eine Orientierung geben, flexibel an jeden Lebensstil anpassbar.

Auf den Körper hören, sich nicht von äußeren Zwängen beeinflussen lassen und den persönlichen Weg zu einer genussvollen aber vor allem auch gesunden Ernährung finden, das sollte das Ziel sein.

## Persönlicher Erfolg

Jeder Gang in eine andere Richtung beginnt mit dem ersten Schritt.

Wer die Tipps aus „Iss klug!" für sich in den Alltag übernehmen kann, ist nicht nur auf gutem Weg seine Ernährung bewusster zu gestalten, sondern auch eine neue Beziehung zum Essen zu entwickeln, nämlich die, die auf Vertrauen, Genuss und auf innerem Gleichgewicht basiert.

Auch hier misst Erfolg sich nicht an Perfektion, sondern in kleinen Momenten, wie in der bewussten Entscheidung für eine guttuende Mahlzeit, am Spaß am Essen, daran, keine Schuldgefühle zu haben oder auch in der Fähigkeit, Hunger- und Sättigungssignale besser wahrzunehmen.

Es geht nicht um strenge Regeln, sondern darum, den eigenen Körper wieder besser zu verstehen und ihm das zu geben, was er braucht, mit Köpfchen, und auch mit Bauchgefühl.

Vielleicht hat sich Ihre Perspektive auf das Essen bereits verändert:

Essen ist keine blanke Kalorienaufnahme, sondern die famose Möglichkeit, sich etwas Gutes zu tun. Es ist ein Teil des Lebens, der bewusst genossen werden sollte, ganz ohne Zwang, ohne Verbote, ohne Kampf, ohne schlechte Gefühle.

Und wenn es mal einen Tag nicht so ganz klappen sollte, nicht vergessen: Der Erfolg liegt darin, die eigene innere Stimme zu hören und darauf zu vertrauen, den eigenen Weg wieder zu finden und sich selbst mit Nachsicht und Respekt zu begegnen.

Essen Sie klug, und genießen Sie Ihr Leben!

## Zusammenfassung

Aus ernährungspsychologischer Sicht gibt es mehrere Gründe, warum es sinnvoll sein kann, öfter auf den Bauch (das intuitive Essen) statt auf den Kopf (rationalisierte Entscheidungen) zu hören:

1.      Körpereigene Signale versus externe Kontrolle:

Der Bauch, im Sinne des intuitiven Essens, ist darauf programmiert, Hunger- und Sättigungssignale klar zu senden. Diese Signale sind evolutionär entstanden und darauf ausgerichtet, uns genau die Energie und Nährstoffe zu geben, die wir brauchen. Der Kopf hingegen ist oft von äußeren Faktoren wie Diätregeln, Kalorienangaben oder gesellschaftlichem Druck beeinflusst. Das führt zu einem Verlust des natürlichen Essrhythmus.

2.      Vermeidung von emotionalem Essen:

Wenn wir Entscheidungen zu stark mit dem Kopf treffen, wird Essen ganz schnell Ersatz für emotionale Bedürfnisse. Das Bauchgefühl dagegen signalisiert uns, ob wir wirklich physischen Hunger haben oder gerade gestresst, gelangweilt oder traurig sind. Wer lernt, den Bauch besser zu „lesen", kann emotionales Essen besser erkennen und damit umgehen.

3.      Mehr Genuss und Zufriedenheit:

Intuitives Essen erlaubt es, auf die echten Signale des Körpers einzugehen und das Essen zu genießen. Der Kopf dagegen tendiert dazu, Essen in Kategorien wie „gut" oder „schlecht" einzuordnen, was Schuldgefühle auslöst und den Genuss beeinträchtigt. Sich vom Bauch leiten zu lassen, fördert also ein positives Verhältnis zum Essen.

4.      Verhindern vom Übermaß:

Der Kopf ist oft anfällig für Überreizung durch Werbung, riesige Portionsgrößen oder äußere Essanreize. Der Bauch hingegen sendet klare Signale,
wenn genug ist. Wer sich auf seinen Körper verlässt, statt auf Regeln, die
nur von außen kommen, hat ein geringeres Risiko, über die Sättigung hinaus zu essen.

5.      Langfristig gesündere Entscheidungen:

Studien zeigen, dass Menschen, die intuitiv essen, tendenziell ein stabile-
res Gewicht, weniger Essanfälle und ein besseres psychisches Wohlbefinden haben. Der Bauch weiß oft, was gut für uns ist, während der Kopf
durch Trends und Ideale abgelenkt wird.

6.      Die Verbindung von Bauch und Gehirn:

Die Darm-Hirn-Achse zeigt zuverlässig, wie eng Bauchgefühl und psychisches Wohlbefinden miteinander verknüpft sind. Ein gesunder Darm unterstützt nicht nur die Verdauung, sondern auch die Entscheidungsfin-
dung. Sich auf den Bauch zu verlassen, ist daher auch physiologisch
sinnvoll.

**Tipps für ein gesundes Darm-Hirn-Team**

1. Essen Sie vielfältig und ballaststoffreich.

2. Integrieren Sie fermentierte Lebensmittel in Ihren Speiseplan.

3. Reduzieren oder vermeiden Sie stark verarbeitete Lebensmittel.

4. Bewegen Sie sich regelmäßig.

5. Trinken Sie ausreichend.

5. Managen Sie Ihren Stress durch Entspannungstechniken.

6. Schlafen Sie ausreichend (7-9 Stunden pro Nacht).

**Fazit:** Hören Sie also auch mal auf Ihr Bauchgefühl.

Wenn Sie verstehen, wie eng der Darm und das Gehirn zusammenarbeiten, können Sie bewusstere Entscheidungen für Ihre Gesundheit und Ihr Wohlbefinden treffen. Das nächste Mal, wenn Sie ein „Bauchgefühl" haben, denken Sie daran: Es könnte tatsächlich Ihr Mikrobiom sein, das zu Ihnen spricht.

Zum Schluss noch etwas:

Beide Bücher basieren auf der Idee, dass eine kluge Ernährung, ein kluger Lebensstil nicht nur auf Wissen, sondern auch auf einem guten Gespür für den eigenen Körper basiert.

Während das erste Buch („Iss klug!...und mach´s doch mal wie die Tiere.") den Fokus auf rationale, wissenschaftliche Prinzipien legt, geht dieses zweite einen Schritt weiter und beleuchtet die meist unbeachtete Weisheit des Körpers und der Intuition; es stellt heraus, dass der Körper oft Signale sendet, die genauso wertvoll sind wie rationale Überlegungen, wenn wir lernen, ihnen zu vertrauen.

www.stephaniefischer.net